高手都在用的46种反转策略

将销售拉回正轨，达成销售

教 你 解 析 众 多 实 战 场 景

成功处理客户异议的46个策略

从抗拒到成交的精准话术库

让成交率提升

300%

的实战方法论

客户异议不是障碍

而是成交的机会

“太贵了”

“不需要”

“考虑下”

翻开这本书

教你瞬间扭转局面

张超◎著

中国纺织出版社有限公司

国家一级出版社

全国百佳图书出版单位

内 容 提 要

为什么你主动开口，客户却爱搭不理，甚至扭头就走？客户说你的产品价格高、质量差，你该如何应对？给客户提供了好几套方案，为什么还是迟迟不能签单？本书以案例为基础，通过对一个个轻松有趣、具有实用性的销售实例与解决问题之道的阐述，让你在看似成交希望渺茫时，将销售拉回正轨，达成销售。

图书在版编目（CIP）数据

成功处理客户异议的46个策略/张超编著．—北京：中国纺织出版社，2012.11（2025.6重印）

ISBN 978-7-5064-8884-6

Ⅰ.①成… Ⅱ.①张… Ⅲ.①企业管理—销售管理 Ⅳ.①F274

中国版本图书馆CIP数据核字（2012）第164910号

策划编辑：刘箴言　张永俊　　责任印制：陈　涛

中国纺织出版社出版发行

地址：北京东直门南大街6号　邮政编码：100027

邮购电话：010—64168110　传真：010—64168231

http://www.c-textilep.com

E-mail: faxing@c-textilep.com

三河市兴达印务有限公司印刷　各地新华书店经销

2012年11月第1版　2025年6月第2次印刷

开本：710×1000　1/16　印张：14.75

字数：174千字　定价：59.80元

前　言

挑货才是买货人。处理好客户异议是业务员达成销售最关键的一步。

介绍产品时，你完整的思路被客户的异议突然打断；销售谈判进程被客户的某个问题拖延；即将达成协议的一单大生意因客户的某个额外要求而搁浅；甚至没有任何原因，你本来顺利的销售工作因客户的忽然撤单而终止……

这些直接的、间接的、显性的、隐性的客户异议是每个业务员工作中必须面对的问题。作为一个有志于在销售领域做出一番成绩的业务人员，你不仅要接受这些异议，而且还要欢迎客户提出异议，因为它们不仅是你工作重要的组成部分，还是给你工作指明方向的明灯。

当然，理想与现实总有一定差距。当销售任务像山一样向你压来，无论你是业务新手还是销售精英，都会为没有足够的订单而发愁。也许你口才一流，却业绩平平；也许你做了很多拜访，却签单很少；也许你的产品演示很精彩，客户却不买账……问题到底出在哪里？怎样才能快速有效地达成销售目标？

销售中，好口才为你吸引到足够的注意力，恰当的销售技巧为你争取到客户，而真正为能你赢得订单的关键，是你成功处理好客户异议。

怎样才能正确认识客户异议，又能怎样恰到好处地处理它，这是所有销售人员必须面对的问题。

我们总是说："客户就是上帝！满足客户需要是我们工作的第一宗旨！"

但是，怎样才能让客户真正满意呢？

你们公司没什么实力嘛！

你的报价太高了！

你再优惠点儿，要不再给点儿赠品！

这事儿我做不了主，得向上汇报！

给你一分钟，介绍一下你的产品吧！

你的产品性价比不高！

……

作为一名业务员，这些问题是你每天都要面对的，你是怎么处理的呢？

你也许回答得很精彩，但那是最有利于促成成交的处理方式吗？

销售的所有方法、手段都是为一个最终目的服务，那就是成交。带着这个目的去看待客户异议，去解决客户异议，才是一个真正的精英业务员最基本的职业准则。

如果你在遭遇客户异议前的销售工作都是在摸着石头过河，那么当客户提出异议时，恭喜你，你的工作可以有的放矢了。

与其害怕避让，不如迎头而上，你会发现，一切没有你想象得那么困难。在销售工作中，无论你是否愿意，都要与那些难缠的异议打交道。而一旦你成功处理了这些异议，那么你赢得的就不仅是一单生意，还很有可能是一个忠实支持你的客户。他会继续光顾你，并为你带来更多的客户。

所以，当你真正有能力处理好客户的异议时，你会发现工作中的所有难题都将迎刃而解。在这种思想的指导下，你将发现那些异议并不是如此难处理。当大多数销售员面对这些异议和客户退避三舍的时候，本书中简单有效的策略可以帮助你将任何难缠的客户异议变成你签单的良好契机。

因此，当你再次遇到那些让你焦头烂额的客户异议，不得不艰难地想方设法解决时，你不必像以前一样手足无措、毫无办法，想着“我怎样才能把这个性情古怪的客户的奇怪问题解决呢?”在“异议就是机会”的策略的指引下，你可以把这个令人烦恼的异议变成一个进攻的突破口。阅读本书，你将发现自己正在期待着下一个难缠的客户异议的到来。

本书不仅为一线销售人员提供实用、精妙的处理客户异议的策略，更能帮助你建立起属于自己的客户异议处理体系，继而将自己打造成一个有技巧、能战斗的销售精英。

编著者
2012 年 6 月

目 录
CONTENTS

第一章

对不同客户采取不同策略

—— 类型异议的 5 种成交策略

有异议的客户才是有心成交的客户，解决客户异议的过程就是一步一步迈向成交的过程。销售人员要做的，不是哪里有异议就去哪里解决问题，而是要从客户的异议中看出更深层次的没被满足的需求，从而掌握关键的成交信息，以点带面，轻松成交。

面对拒绝改变者，那就挖掘新的需求点

在我们销售产品的过程中，随时都有可能被客户拒绝，这是很多销售人员备感头痛的一个问题。其实，我们不应该把拒绝仅仅看作是拒绝，更应该看到拒绝在另一个方面其实也是一个购买的信号。如何处理拒绝改变的客户是销售产品最重要的步骤，因此恰当地解答处理好客户的拒绝问题，激发客户的消费意愿是开启客户心灵之门的金钥匙。

我们经常会遇到这样的情况，客户会很礼貌地跟销售人员说："谢谢你，你讲得很好，你们的产品也很好，但是我现在不想要。"这一刻，你是什么感受呢？愤怒？气恼？觉得客户在浪费你的时间？还是觉得客户在跟你开玩笑？客户闲得无聊，故意消遣你？

你可以这样想。但这样想对最后的成交有用吗？对业务的开展有帮助吗？

如果答案是否定的话，我们也许可以先尝试着调整认知。有效果总是比对错更为重要。

有个著名的故事，以前有个胖子吃饼，直到吃第六个饼的时候他才觉得饱。于是他说："早知道就不用吃前五个饼了，直接吃第六个饼，我就饱了。"

很可笑？这也许就是我们看不到的自己的某些盲点，即我们对事物的态度。如果我们把客户的拒绝当成取得成功的前奏，当客户拒绝时，我们可以跟自己说："太棒了，我已经吃第五个饼了，马上就会有饱的满足感了。"

把客户的拒绝作为成交的前奏。成功在望，而在收到客户的拒绝异议时，销售人员所要做的，就是迅速处理客户的异议，进行排雷工作，争取最后的成功。

一对热恋中的恋人相约在百货公司门口碰面，女孩子因为有事耽搁，打电话告诉男孩子会迟到半个小时。男孩子对化妆品不是很在行，对口红却有一丁点儿观念，于是有了下面这段精彩的对话：他走到商店卖口红的专柜前，向导购小姐问道："我想看一下口红。请问这种口红多少钱？"专柜小姐说："60元。你要买哪一种颜色的口红？""不知道，等我的女朋友来了问她好了！"专柜小姐说："先生，不对吧？口红的颜色应该由你来决定呀！是不是你要买口红给你的女朋友？是不是你出钱？""当然了"！男孩子说。"你是不是希望你的女朋友用给你看？""对呀！""那么在气氛好的时候，她是不是会一点一滴地还给你呀！"专柜小姐的话说中了男孩子的心，于是他一口气买了10支口红。

在有些时候，销售人员一定要站在另一种角度给予客户思考的空间，不仅采取"推"的策略，也要给予"拉"的策略。

上述例子中销售成功的原因主要有两点：一是对客户要有足够的信心和耐心，尽量朝着客户的希望往下说；二是要取得客户的信任和好感，取得信任和好感之后，其他的事情就顺理成章了。而要取得客户的信任和好感，不是因为你的花言巧语，而是你真诚的推理，对客户期望达到的结果进行分析。

销售人员首先应该明白消费过程中的异议行为只是客户习惯性的反射动作，对客户的异议不要有害怕的心理。当客户还在摇摆不定时，应采取肯定和积极的应对措施，从而激起客户的消费欲望。

一、安抚客户情绪，尽力满足客户的需求

根据心理学家多年的研究结果：人们对于某个结果产生的过程，比对结果本身更在乎。客户在决定买还是不买的犹豫过程中，其实是非常困惑的，当他一旦决定买或不买之后，就会如释重负。

所以客户也需要销售人员的理解与支持。在销售过程中，销售人员的态度尤其重要，销售人员在整个销售过程中营造出来的公平、愉快的氛围带给客户的感觉也是非常重要的。

当客户感觉愉快，并感受到重视时，他就会久留，并愿意购买更多的产品。

当客户感觉受到催促或不安全时，他会迅速离开现场，让自己回到安全的范围内。

所以，当客户对你的产品和服务有疑虑时，要懂得如何安抚客户情绪，直接与客户的情绪对话，真正了解客户的心声与需求，并对此做出回应。

在关注的过程中，学会运用问题，通过聆听一步步引导客户自己做出决定。沟通的关键在于对方得到的信息是什么。善用我们的非语言沟通因素，影响客户做出选择。

二、不要过度承诺，要诚实感性

陈述购买和“画大饼”后的结果很简单，但不要忘记，客户对于自己的需求是最清楚的。过度的承诺，只会让客户对产品和服务的期望值过高。一旦产品、服务中有些瑕疵，就会给客户造成不好的印象，从而影响客户的重复交叉购买，也会影响产品在市场中的口碑。

恰当的做法是：了解客户的购买清单，通过聆听与提问明确客户的采购标准，尽量满足客户的需要，同时可强调产品、服务中某些独特的优势，这样会给客户带来实际利益与心理优越感。

诚实感性指在销售过程中，当客户提出一些没有明显答案、见仁见智的问题时，我们懂得用同理心去理解客户的立场、想法与希望，并设法满足客户的购买需求。

三、适度地影响客户而不是总是等待

有时客户犹豫时，有人坚定地“推”他一把，鼓励他去尝试新事物，坚定做决定，便会马上解决问题。

最困难的也许是遇到了对于自己的需求并不十分清楚的客户，甚至不知道是该买还是不买，销售的产品、服务能否为他带来好处和显而易见的利益，因此，应对这种客户最好的方法就是：适度地影响他而不是被动地等待。一些小小的技巧可以影响到客户最后的决定，可以一边和客户交谈一边开始填写客户资料或收银单，用一些非语言的形式来加强心理暗示。如果客户对价格不太敏感，我们还可以采取一些引导性的行为，即直接把客户带到收银台前，一边继续介绍产品一边直接开单，引导客户交款。

【销售精英实战指南】

第一，捕捉客户的心理需求和欲望，激发其消费意愿。

第二，认同客户的拒绝理由，表示理解客户心情。

第三，赞美认同＋反问＋回答。

第四，赞美认同＋强化购买点＋去除疑惑点＋导入签约。

第五，事实是最有利的销售话术，做到胸有成竹。

面对抱有成见者，那就从他看好的产品切入

客户对产品、服务或企业的成见，不是销售人员通过一次谈话就能消除的，单刀直入地谈自己的产品，只会引起客户的反感。最好的方法是从客户看好的产品谈起，仔细探听客户的需求与喜好，并适当引入自己的产品，进行巧妙对比，于潜移默化中消除客户的成见，最终达成交易。

我们有时会碰到这样的情况：当手机信号不好时，联通的用户一般会说："联通的网络怎么这么破啊?"而移动的用户一般会说："这破地方怎么连信号都没有?"同样的情况，用户却给出了不同的结论。为什么？成见使然。

成见是安在客户心中一面变形的镜子，他让你的产品和服务变形扭曲，缺点放大，不见优点，单凭主观臆断，不见客观事实。

成见一旦形成，就会成为一种思维定式。靠正面解释很难消除，还容

易让客户反感甚至产生逆反心理。所以销售人员要从客户的角度看待问题，用客户容易接受的方式来销售，最好的突破口，就是从客户已经认可的产品讲起。

王先生从事销售工作十几年，新调任到上海担任销售经理，就遭遇了销售瓶颈。

王先生经过多方总结，找出了最主要的两个原因：

第一，M品牌知名度不高，在上海消费者眼里是个“杂牌子”。

第二，M品牌虽然质量不错，却没有很好的口碑。消费者不认可。

经过一番对市场上主要品牌的仔细考察和深思熟虑，王先生信心十足地再次叩响了上海一家最大电器经销商的大门。该公司的何总经理跟前两次一样，很冷漠地拒绝了王先生。王先生早有心理准备，他闭口不谈进货，而是开始评价何经理公司进货最多的三款品牌冰箱，评论条理清晰而又客观实际，何经理听了不住点头。

王先生见时机成熟，话锋一转，开始谈冰箱的质量，“所以，要评断冰箱质量，不是看制冷效果，关键要看冰箱的密封效果。只有能将冷气长时间密封住的冰箱，才能制冷快，保温时间长而且节能。”王先生经过一番分析，给出了最终结论。

接着，他们来到何经理在上海最大的一家卖场，王先生拿出一张A4纸，夹在某一线大品牌冰箱的门上，对何经理说：“冰箱密封效果如何，关键看冰箱门能否关紧。您现在把这张纸拉出来。”何经理上前将夹在冰箱门里的纸轻易地拉了出来。王先生又用同样的方式在其他品牌冰箱上做了几次试验，结果，全都跟第一次一样。

看着何经理越皱越深的眉头和周围越围越多的顾客，王先生将大家带到了卖场门口，那里一字排开十几台M品牌冰箱。王先生拿出相同的纸，让何经理在M品牌冰箱门上做与刚才相同的试验。结果纸被用力拉成两块，剩下的部分却仍然夹在冰箱门上，十几台冰箱都是如此。

围观的顾客开始交头议论，有人自发地去做拉纸试验。

试验过后，何经理主动找到王先生，一次就定了5000万元的货。

消除客户的成见必须讲究方法，正面出击并不是最好的办法，而应采取迂回的方式。从客户容易接受或者已经存在好感的产品说起，先让客户在心理上认同你的谈话，再寻找时机，将自己产品最大的优点展现给客户，争取达到让客户眼前一亮的效果，从而达到销售目的。

重拳出击才能敲碎固有的偏见，而且要尽量争取一击即胜，拖泥带水只能使顾客加深抵触情绪，为以后的销售工作带来更大的困难，所以，必须讲求方式方法。

方法一：锻炼自己的挫折商

销售人员要面对的是对产品已经抱有成见的客户，他对产品的抵触情绪会很自然地转移到你的身上，所以遇到拒绝、批评甚至嘲讽都是在所难免的，要让自己的销售进行下去，就必须锻炼承受挫折的能力，即挫折商。

面对有成见的客户，要事先做好心理准备，对可能的冷遇事先在心里考虑一遍，设计好应对措施，这样既能从容应对客户的责难，也能承受不良情绪的打击。

只有冲过客户冷遇这一关，承受住初时的打击，才能将后面的销售进行下去。

方法二：了解市场，适度评价竞争产品

介绍客户已经有好感的竞争产品，但必须把握好度，既要客观公正，又不能本末倒置，使其锋芒盖过自家产品。

客户都是业内人士，你对竞争产品的评价是否客观他当然心中有数，销售人员要先给客户一个专业、客观、公正的印象，这样才能让客户在心

理上接受我们，进而影响客户对产品的评价。同时，在评价竞争产品优势时，结合市场，只谈大方面，少谈细节，尽量弱化其在客户心中的印象，从而增强自家产品在客户心中的印象。

方法三：探听客户需求，巧妙带入自家产品

介绍产品时，要针对客户需求有所侧重，把需要进行对比的方面进行重点介绍，引起客户兴趣才能自然而巧妙地带入自家产品。

首先要知道客户的真正需求，才能有针对性地进行介绍，从而更有成效地带入自己的产品。进行产品带入时，要把握好度，让客户觉得你的产品就是他现在急需的东西，才能顺利销售。

方法四：把握客户心理，展现最大亮点

这种特殊情况下的产品介绍必须抓住重点，即客户最急需什么，你就介绍什么。当客户对一直信任的产品某一方面感到失望时，急需的是一个能马上填补这个空白的产品。针对客户这个心理特点，首先必须展现出自己产品的最大亮点，吸引客户的眼球，占领客户的心理制高点，才能实现销售。

方法五：利用周围环境，尽量造势

客户心理即消费心理，很容易受周围环境的影响。尽量营造一个对自己有利的大环境，用环境的力量在潜移默化中影响客户，让他在心理上接受自己要传送给他的理念，从而达到从内而外的说服。这种消除成见的方式要比直接说服更容易让客户接受。

方法六：尽量用事实说服客户

客户对自己听到的东西很容易产生怀疑，特别是还在抱有成见的情况下。而对自己见到的，或者亲身参与的事就容易接受。所以，要改变客户的成见，不能只靠语言上的叙述，尽量利用客户能看到或者亲身参与的实事来达成目的。在介绍产品时，用事例就比直接的性能介绍效果好，客户的亲身体验也比听别人的间接介绍要印象深刻。所以，要尽量用事实说服客户。

【销售精英实战指南】

第一，针对客户需求提炼产品亮点。

第二，客观评论竞争产品，让客户知道你是行家。

第三，注重说话技巧，带入自家产品要自然。

第四，锻炼心理素质，增强抗打击能力。

第五，针对客户需求，对比展示产品特色。

第六，永远记住，事实是最有利的销售话术。

面对没有预算者，挖掘“钱”背后的问题

孙子说：不战而屈人之兵，善之善者也。对于没有预算的客户，积极地探询并且想方设法满足顾客的心理需要，有利于销售人员在竞争日趋激烈的环境下，摆脱价格战泥潭，迈向成功的大门。

在销售过程中我们经常遇到这样的问题：很多时候客户回应没有预算，因而无法购买我们的产品。客户真的没有预算吗，我们该如何正确地挖掘客户的需求呢?

首先应该明确销售就是一个了解客户的过程，具体讲就是要创造客户的需求，挖掘客户的需求和满足客户的需求，这才是一个圆满的销售过程。因此对于这样没有预算的客户，我们要有足够的耐心，去解析客户的心理需求，从而为我们带来更多的销售机会。

一位衣冠楚楚的年轻顾客趾高气扬地走进专卖店，小张迎上前去。

小张：先生，来选砖呀？

顾客：嗯，随便转转。

小张：原价288元，现在搞特价，可以给你打个八五折。

这时候，店里的另外一个导购小王急匆匆地跑过来，对小张说："张姐，昨天买'清泉庄园'的业主打电话来了，你昨天跟人家说的是225元。票上没写，现在送货的小李非要按245元收钱，你赶紧给小李打个电话说一下，人家业主生气了。"

小张：好的。先生，您稍等一下，我马上就过来。

小张走开后，顾客好像很无意地问小王："你们这款砖卖得好像不错呀？"小王回答："是呀，这款砖质量好，又是现在最流行的花色，卖得很快。除了市里几个高档小区的团购以外，平常对散客一分钱都不打折，昨天那个顾客是我们会计的朋友，请示了经理，才便宜了20块钱。"

顾客听小王这么一说，立刻就决定买此砖。

此案例中的小王充分了解并且成功把握了顾客的心理需求，并从顾客的心理需求着手，攻心为上。当顾客提出异议后，针对顾客的心理，通过产品演示和自身的专业来强化顾客的信任，让顾客获得心理上的满足，从而取得销售的成功。

其实客户在向我们讲他们没有预算时，也许并不是没有预算，可能有以下一些原因：

原因一：客户对产品缺乏信心

客户常常会对销售人员的产品了解不够或者了解不深，从而对产品产生怀疑。

原因二：销售人员销售技巧不够

做销售是需要技巧的，腿勤、嘴甜、手勤的时代已经过去了，现在还要脑勤，也就是说你是否善于思考，太浮躁的人做不了销售，太老实的人也做不了销售。

原因三：销售人员对专业不了解

现在有很多销售人员，面对客户，说话千篇一律：我们的成本如何如何的低，我们的产品如何如何的物美价廉，我们的效果如何如何的好，但又说不出一个所以然来。没有自己的想法，完全是为了销售而去的，也就是我们通常讲的为了提成而做销售，严格地讲这没有错，但你的功利心太强，别人就无法接受。

由此可见，对于没有预算的客户，我们应该制定出相应的对策，以满足客户的要求，真正达到销售目的。

第一步：先交朋友，再谈生意

每个人的心里都有一扇门，通常我们总是关闭这扇门，拒陌生人于千里之外。诚信却成为我们与客户之间交流与合作的“鸿沟”，从而影响到我们成交。因此，我们应想方设法让客户感觉到我们的诚意，找些共同话题来谈，比如模仿客户说话的语气，拉进彼此的距离，让客户渐渐地对我们不设防。我们把客户当做朋友，愿意为他解决顾虑，提供量身定制的解决方案。

第二步：自信

自信是成功的一半！如果我们不相信可以为客户提供一流的服务、一流的技术、一流的产品，就会通过言谈举止传达给客户信心，同时找准客户的抗拒点。其实解决销售中遇到的问题犹如医生为病人治病一样：望闻问切，我们只有找到问题的根源，对症下药，才能药到病除，乘胜追击，步步为营，逐一消除客户的抗拒点，以心理战术攻破客户的内心防线。

【销售精英实战指南】

第一，先传达自己的信心，取信对方，攻心为上。

第二，设法满足顾客的心理需要。

第三，通过幽默的语言，拉近和顾客的距离。

第四，用原价作对比，尽量淡化价格。

第五，先交朋友，真诚对待客户，再谈业务。

面对隐藏式异议，挖掘真正异议实质

所谓“隐藏式异议”，是指客户隐藏在心中、不愿意谈论的拒绝购买的理由。隐藏式异议的客户不提出真正的异议意图，而是提出各种各样假的异议，这样做的目的是营造解决隐藏式异议的有利环境，从而达到降低产品的价格或获得附加价值的目的。

在销售楼盘时我们经常遇到这样的问题：

客户：“你们小区的地段不好，距离地铁线路还有一段距离啊。”

销售人员：“地铁线路已经在规划内，两年就会开通，到时您自己不居住的话，作为一项投资也很值。”

客户：“可是周围的基础设施建设也不完善，生活会很不方便吧？”

销售人员：“这附近医院、大学早已落成很多年了，而在地铁线路周边刚刚开发的商业区也已经开始招商了，大型卖场超市和银行都将马上落户了。”

客户：“你们小区旁边是座工厂，有污染吧。这会影响生活质量，光这一点就会降低小区的档次和价位，开发商或物业公司对此有什么处理措施了吗？”

销售人员终于明白，异议背后还有隐藏的异议，那就是价格问题。

由此看出，要处理好隐藏式异议，销售人员还要学习如何处理客户异议的意图。

但是要真正将客户内心隐藏的异议引导到桌面上来，并非一件容易的事，要说服客户，销售人员就要有充分的准备和理由。在实际应对中，销售人员还要仔细观察客户的语言语调、言辞表达、面部表情以及肢体语言等，从而领会客户的言外之意，挖掘客户的个性化需求，促使交易取得成功。

销售人员去一家商场销售一种包装比较简陋，但是售价仅为35元的清洁器。他向经理说明了来意，对方明显表现出不感兴趣的态度，当销售人员把样品呈现给经理时，经理不屑地说：“这个小东西就要35元啊，包装还这么差，一看包装就知道不上档次，像劣质产品。”可是销售人员并不在意。他一声不响地从提包里拿出事前准备好的一包碎头发、一包白棉花和一小块地毯。经理及办公室里的人们都好奇地看着他。销售人员看了大家一眼后将碎头发洒在地毯上，又把白棉花团在地毯上搓了搓，接着对大家说：“我们的衣服上，家里的布艺沙发上、地毯上常常会粘上灰尘、头发和宠物的毛发等杂物，这很难清除。即使用清水清洗，有时都很难办。别发愁，大家看……”说着，销售人员拿起清洁器在地毯上来回推了几下，刚才还粘着碎头发和白毛毛的地毯一下子就干净了。再看清洁器的表面粘满了地毯上的杂物。

办公室里的人终于被销售人员说服了，现场订购了500个清洁器。

该案例中客户隐藏式的异议是希望产品降价，但销售人员不从正面解答价格问题，而是就产品给客户带来的利益着手，深入挖掘客户的个性化需求，从而化解了客户的异议，达成交易。

对于抱有隐藏式异议的客户，销售人员要学会挖掘其心理、动机以最终明确隐藏的需求，才能掌握对方的弱点，来说服其购买，进而透过议价过程来达成交易。因此，要挖掘隐藏式异议客户的个性化需求，必须讲究方式方法。

方法一：个性化营销

所谓个性化营销，最简单的理解就是量体裁衣。具体来说，就是企业面向顾客，直接服务于顾客，并按照顾客的特殊要求制作个性化产品的新型营销方式。它避开了中间环节，注重产品设计创新、服务管理、企业资源的整合经营效率，实现了市场的快速形成和裂变发展，是企业制胜的有力武器。特别是随着信息技术的发展，个性化营销的重要性日益凸显。

个性化营销即企业把对人的关注、人的个性释放及人的个性需求的满足推到中心的地位，企业与市场逐步建立一种新型关系，建立消费者个人数据库和信息档案，与消费者建立更为个人化的联系，及时了解市场动向和顾客需求，向顾客提供一种个人化的销售和服务。顾客根据自己需求提出商品性能要求，企业尽可能按顾客要求进行生产，迎合消费者个别需求和品位，并应用信息，采用灵活战略适时地加以调整，以生产者与消费者之间的协调合作来提高竞争力，这样有利于节省中间环节，降低销售成本。

方法二：掌握客户的需求

客户是销售人员生存和发展的基础，我们只有很好地满足客户需求，企业才能不断发展壮大。因此，把握客户需求是我们一切工作的出发点和落脚点。我们应从源头出发，不仅要充分利用好企业内部渠道掌握的大量数据和信息，而且要拓宽客户的范围，以提升客户感知价值，更要深刻把握社会消费趋势、客户隐藏式的产品需求、客户消费行为特征、消费心理及客户自身的经营系统，尤其要对客户经营的任务、目标、判断标准及需要解决的问题进行深刻把握，只有与客户融合，我们才能真正挖掘客户的个性化需求，才能牢牢把握客户的心智，在市场竞争中赢得主动。

方法三：加大研究投入

对隐藏式异议客户研究的重要性不容置疑，加大研究投入要做到以下几点：①企业应当成立专门的市场研究部门，建立垂直式的组织架构，同时加强横向沟通，其核心职责就是收集客户需求信息、竞争信息，开展客户研究、竞争分析，为产品开发、服务提升、差异化营销等提供强有力的支撑。②销售人员要积极熟悉业务，加强信息意识，善于研究、精通市场营销和统计学等专业知识。③在市场研究、客户研究上增加投入。目前我国市场研究花费占营销总费用的比例还比较低，需要加大市场研究的投入，但同时要充分利用好市场研究经费，最大限度地发挥市场研究在营销发展中的作用。④重点开展客户满意度调查、客户细分研究、需求挖掘等工作，使客户研究工作保持持续性。

【销售精英实战指南】

第一，个性化需求要用个性化营销方式。

第二，挖掘客户隐藏的需求，有利于达成交易。

第三，以优质的服务取得客户的信任和依赖。

第四，以熟练的业务知识打开客户隐藏的心门。

第五，搞好客户价值分类，掌握客户需求类型。

面对先热后冷，反思自身销售方式

销售人员在与客户打交道的过程中，深刻感受到客户的态度是决定其是否购买的直接因素，客户的态度对发展客户工作有着重要影响。但是销售人员如何对待客户先热后冷的态度，使客户被陈列的商品所吸引，从而产生兴趣呢？最好的办法就是找出客户先热后冷态度的原因，然后审视自身的销售方式和销售态度，准确地判断客户的需求成功把握成交信号。

在销售过程中，我们经常会遇到这样的情况：起初，客户在我们对产品的介绍中表现出浓厚的兴趣和热情，他们经常问东问西，恨不得赶快把商品据为己有，但是，不知道为什么，听了详细的介绍，客户往往又表现出极其冷淡的、消极的态度，以致业务中断或失败。

销售人员经常因为这个问题感到莫名其妙，眼看马上就要成功的单子，就这样不知不觉地消失了，难道客户闲得无聊找消遣？

其实不然，客户态度由热变冷，销售人员是否静下心来想想这是为什么呢？是否与自己的讲解方式方法有关呢？是不是自己引起了客户的反感呢？

因此，对于先热后冷的客户，销售人员可以先尝试认知，分析自己的言行举止，审视自身的销售态度和销售方式。

李小姐是一家医药发展公司的销售代表。但她对中医中药一窍不通，也就得过且过。

一天，她去拜访一个县级医院的妇科主任。李小姐按照以前的套路开始介绍公司的产品，起初妇科主任对这新产品兴趣盎然，随后向李小姐提出了许多专业问题，李小姐头脑中一片空白，根本无法回答，只能支支吾吾地蒙混过关。妇科主任见状，立马变了热情的脸孔，微微叹道：你对中医中药一窍不通，怎么卖产品啊？凭什么让我相信你的产品能够有如此的功效，这不是纸上谈兵吗？”李小姐哑口无言，结果当然是铩羽而归。

从这个案例我们可看出：任何一位医生在使用某一药品或医疗器械之前，都希望掌握尽可能多的相关信息。因为掌握的信息越充分、越真实，医生就越可能使用它，而且在使用过程中也就会放心。如果不能详细介绍自己的产品特点，医生怎会信任呢？

深刻了解产品的相关知识是销售代表的基本职责。面对竞争激烈的市场环境，身为专业的销售人员自然有责任时刻保持谦虚谨慎的心态，又要流利地表现自己的专业水平。此案例中李小姐由于缺乏专业知识，以致销售的失败。

老子说：“民之从事，常于几成而败之，慎终如始，则无败事。”就是说，人们做事往往在快要成功时失败了，如果能始终如一、持之以恒、慎终如始，事情就不会失败了。每个销售人员都应记住先圣老子的这句话。

另外，销售人员要取得最后的成功，必须注意销售方式。

一、有效地向客户介绍产品

介绍产品就是销售陈述，即通过对产品特点、优点和利益的陈述介绍，使客户相信产品恰好能满足他的需要的过程。销售陈述一般可以在两种场合下进行：针对单个客户，如一对一拜访；针对团体客户，如产品展示会。成功的销售陈述需要注意以下几个方面：

1. 产品的优点利益永远是销售陈述的重点。

2. 使销售陈述变得妙趣横生。

3. 使潜在客户参与到销售陈述中来。

4. 证明性销售陈述更有效果。

5. 针对团体客户的销售陈述做到：

（1）根据产品的竞争优势、合作过的重要客户、公司的售后服务、产品品牌的影响力等制定陈述提纲；

（2）在产品展示会前要知道参加会议者的姓名，以及是否具有决策权；

（3）根据与会者的不同角色对陈述内容进行安排；

（4）留够提问和讨论的时间，以集中讨论客户关心的问题。

此外，要做到成功地陈述产品还要深刻了解所销售的产品，一个合格的销售人员必须积累该行业和所销售产品的丰富知识。

二、给客户留下良好印象

要知道，销售人员一个小小的举止动作和态度也影响着销售的成功与否。因此，销售人员在销售过程中要特别注意以下几点：

1. 注意仪表：人在无意中总把对方的服饰衣着、仪表风貌同一个人的地位、身份、修养连在一起，故在不同的场合应注意仪表的得体，尤其在社交场合更应该打扮得有个性魅力，否则会给人粗俗、卑贱的印象。而且衣冠不整，皮鞋带泥，领带歪斜等，也是对人不尊敬的表现。

2. 注意谈吐：一个人有没有才气最容易从讲话中表现出来。在社交谈吐时，要注意环境气氛，绝不要喧宾夺主，自说自话。风趣、幽默的言谈能给人以听觉的享受和心灵的美感。

3. 注意行为举止：行为动作是一个人内在气质、修养的表现。销售人员的举止要讲究潇洒、刚强、优美、含蓄。在一般情况下，大方、随和乐观、热情的人总受人欢迎；炫耀、粗鲁或过于拘束的人则让人生厌。

【销售精英实战指南】

第一，从客户的角度考虑问题，舍身处地为客户着想。

第二，要学会尊重客户，首先要尊重自己。

第三，避免不当的沟通，说得太多或听得太少都无法把握住客户的需求点，因而产生许多异议，会改变客户的购买态度。

第四，避免姿态过高，让客户理屈词穷。

第五，从自身的销售方式找出客户购买与否的症结所在，从而对症下药。

第二章

获得客户心理认同

——应对客户异议的5种心理策略

客户购买商品时的心理是多种多样的，销售人员在向客户渗透直销理念和直销概况时，客户的戒备心理让其自己感到不安。对于此类心理反应产生的原因，作为销售人员有必要进行分析，对于客户的正常和非正常心理反应要进行归纳总结，寻求客户的心理认同点，让客户感觉销售人员是与他站在同一立场的。此外，销售人员还必须掌握影响客户购买的心理因素，根据具体客户，具体的情境，制订销售计划，采取多种形式的销售策略，以促进销售的成功。

步步引导，给客户多个购买理由

客户真正的需求才是客户购买商品的关键。需求是一个五层次的树状结构，目标和愿望决定客户遇到的问题和挑战，客户有了问题和挑战就要寻找解决方案，解决方案包含需要采购的产品和服务以及对产品和服务的要求，这几个要素合在一起就是需求。

销售人员要针对客户的表面需求进行步步引导，深入分析，才能挖掘出客户真正的需求，对于客户的正常和非正常心理反应也要进行归纳总结。此外，销售人员还必须掌握影响客户购买的心理因素，根据具体客户，具体的情境，制订销售计划，采取多种形式的销售策略，以促进销售的成功。

现在的广告媒介产品尤其是弱势广告媒介产品其实都是在卖创意和想法。因此销售人员要注重挖掘客户真正的需求和生存需求。挖掘客户需求要从寻找客户的个人爱好开始，例如，一家客户公司认同了销售人员的广告策划及投放方案，销售人员为做这个广告花了很多时间，最后客户认可了，但投放金额太小，怎么办？销售人员和客户聊天发现了客户的一个个人需求，因为客户说他刚买了房子，因为没有钱装修而一直没有办法搬进去住，销售人员马上说那好啊，我们能帮你出装修费，可是……客户一听明白了，开始30万的广告预算一下子上升到60万了，最后皆大欢喜！这是这位客户真正的需求。因此客户的真正需求是要我们观察和细心发现的。

一位老太太来市场买柿子。

她来到一个小贩的水果摊前，问道："这柿子怎么样？"

"您好。我的柿子当然好，您要什么样的柿子？"

"我要酸一点儿的。"

"一般人都要又大又甜的柿子，您为什么要酸的呢？"

"我儿媳妇要生孩子，要吃酸的。"

"老太太您对儿媳妇真体贴，您媳妇一定能给你生个大胖孙子。一个月前，这附近有一家要生孩子，总来我这买柿子，果然生个小子。您要多少？"

"来一斤吧。"老太太被小贩说得很高兴，便买了一斤柿子。

小贩一边称柿子，一边向老太太介绍其他水果："猕猴桃有多种维生素，特别有营养，尤其适合孕妇。您要给您媳妇买点猕猴桃，她一准儿高兴。"

"是吗？好，那我就再来一斤猕猴桃。"

"您人真好，谁摊上您这样的婆婆，一定有福气。我每天都在这摆摊，水果都是当天从批发市场找新鲜的批发来的，您媳妇要是吃好了，您再来。如果不方便我给您送去。"

"行。"老太太被小贩夸得高兴，提了水果，一边付账一边应承着。

此案例中，我们可以看到：小贩先陈述产品品种，然后征询顾客需求，当顾客提出购买酸柿子的个性化需求时，主动引导则成交的可能性就

比较大；当老太太购买了酸柿子之后，小贩继续挖掘顾客其他需求，了解老太太购买酸柿子背后的需求，引导新需求。“我儿媳妇要生孩子，想吃酸的。”这才是顾客真正的需求。然后小贩立即跟进，利用情感沟通，善于运用奶奶盼孙子的通常心理，以体贴、动情、适时有度的恭维取悦顾客，这样才能做到步步引导，成功销售。

客户要买的产品和采购指标是表面需求，客户遇到的问题才是潜在的真正需求，如果问题不严重或者不急迫，客户是不会花钱的。真正的需求就是客户的燃眉之急，任何采购背后都有客户的燃眉之急，这是销售的核心和出发点。因此销售人员要步步引导，深入挖掘客户真正的需求。

一、销售产品要先给客户一个购买的理由

客户为什么买你的东西？在产品与服务同质化相对严重的情况下，这个问题确实难以回答。我们就必须来分析客户的惠顾动机。

消费者的惠顾动机通常由三个基本因素决定：一是对商业品牌的认知，二是对自我形象的塑造需求，三是外界信号对消费者的刺激。

商家或产品的品牌形象越突出、越牢固，自然就可以吸引更多的消费者。另外，商家或产品通过为自己树立独特的定位，让消费者认为在消费过程中正在逐步建立自己的个人形象。比如，中华香烟价格昂贵，但偏偏有人喜欢购买，因为他们认为，抽这种香烟非常有面子。另外，社会上形成的比较一致的印象也会影响到消费者的选择。比如多数人都认为日本品牌的彩电质量可靠，一个消费者即使从来没有使用过日本彩电，在购买时也会由于身边人的共同态度，有意识地选择日本彩电品牌。消费者通常也会在外界刺激下做出消费行为，比如有促销活动或周边其他人有购买行为时，消费者会感性地产生购买的举动。

对于销售人员来说，了解客户的类型，清楚客户为什么而买，是完成“临门一脚”的关键。

二、世上没有不喜欢恭维的人

销售人员在完成一次销售后，可以继续挖掘客户的其他需求，了解客户第一次购买背后的需求，引导新需求。同时，销售人员还需利用情感沟通，善于运用客户的通常心理，体贴动情适时有度地恭维以取悦顾客。只有步步引导，才能深入了解客户真正的需求。

三、顾客的需求永远是多方面的

记住：成功的销售人员创造机会，失败的销售人员等待机会。

生活中的很多事情不怕你做不到，就怕你想不到，关键在于创造一个机会，然后努力去实现。

很多时候，客户往往没有意识到自己的其他需要，销售人员应提醒顾客并帮助其一起认识。销售机会的有无，取决于创造。

创造机会的关键还在于怎么去说，去概括，去阐述。记住：重要的不是你要表达什么，而是怎样去表达。请满怀信心，从心眼里认定客户确确实实地有这么一个迫切的需要，你也要牵引着他去认同他确实有某种需要，并确认事实就是这样，直到顾客接受，完成销售。

【销售精英实战指南】

第一，记住：客户嘴上的需求并不一定是真正需求。

第二，记住：对产品越挑剔的顾客，越是有购买欲望的真正消费者！

第三，真正的需求才是客户的燃眉之急，任何销售背后都有客户的燃眉之急，这才是销售的核心和出发点。

第四，销售希望远比销售产品更重要。当客户结束购买后，还要继续为客户的需求埋下种子，随时等待发芽，一笔生意达成，不要忘记兜售期望。

论点置换，“四两拨千斤”说服客户

太极拳中有“四两拨千斤”，即借力打力，同样，这个原理在销售过程中也可以使用。我们不要在任何时候都想要去说服客户，要让客户完完全全接受你的观点，而不管这个观点客户自己认同不认同。但是有一种情况操作起来就比较容易，那就是用客户的观点说服客户，也就是我们所说的销售中的“太极原理”的应用。

情景：

（1）客户甲用过A人才网的招聘，感觉效果不是很好。

（2）客户甲知道B人才网，而且对B人才网还比较认可。

（3）客户甲经过B人才网业务员的努力说服，想做一次新的尝试，但是担心效果，迟迟不肯下订单。

正所谓“一朝被蛇咬，十年怕井绳”，问题是有什么好的应对策略来让客户跟我们签单呢？

很多人都在努力地说服别人，想让别人接受自己的观点，这个在销售中经常用到而且也是必须要掌握的沟通技巧，但是让有些销售人员很困惑的就是，有时候我们明明说服了客户，让客户接受了我们的观点，但是我们却丢失了客户，输给了竞争对手，这到底是怎么回事呢？

其实问题就出在特定的问题特定的分析，正常的情况下我们需要引导客户，需要让客户顺着我们的思路走，需要说服客户。但是在特定的沟通环境下，在特定的沟通问题上，我们说服客户就是在压制客户的思想，把他的思想打压下去，让他来接受我们的思想。表面上他接受了我们的观点，因为他没有好的辩证来维护自己的观点，但是他从心里面对这个销售人员就产生抵触心理。所以丢失客户，输给竞争对手也是理所当然的了。因此，销售人员要善于进行论点置换，尽量用客户的观点去说服他，让客户感觉你与他是站在同一立场的。

销售员："胡总你好，贵公司需要的卡车，我们有。"

胡总："吨位多少？"

销售员："4吨。"

胡总："我们要2吨的。"

销售员："4吨有什么不好呢？万一货物太多时，不正合适吗？"

胡总："我们也要算经济账啊！这样吧，以后我们要时再通知你……"

这种谈判是失败的。如果我们改用台阶式说服技巧，结局可能完全不同。

销售员："胡总你好，贵公司需要的卡车，我们有。"

胡总："吨位多少？"

销售员："你们运的货每次平均重量是多少？"

胡总："大约2吨吧。"

销售员："有时多，有时少，是吗？"

胡总："是的。"

销售员："究竟需要哪种型号的卡车，一方面要看是什么货，另一方面要看在什么路上行驶，对吗？"

胡总："对，不对……？"

销售员："假如你在丘陵地区行驶，而且那里冬季较长，这时汽车的机器和车身所受的压力要比正常的情况要大一些，这您也知道的。"

胡总："没错。"

销售员："你冬天出车的次数比夏天多吗？"

胡总："多得多，我们夏天生意不太兴隆。"

销售员："有时货物太多，冬天又在丘陵地区行驶，汽车就会经常处于超负荷状态。"

胡总："对，是那么回事。"

销售员："你决定购车型号时，是否留有余地？"

胡总："你的意思是？"

销售员："从长远的观点看，是什么因素决定买一辆车值不值呢？"

胡总："当然需要看它的使用寿命了。"

销售员："如果您买一辆车总是满负荷，使用寿命就会短，就不划算。而如果您买一辆车从不过载，这辆车的使用寿命就会相对很长，就很划算。"

胡总："……那你们4吨车，价格能否再低些？……"

经过一番讨论，最后胡总决定：相比2吨的卡车，多花3500元买下销售员的一辆载重量4吨的卡车。

小结：这个案例中，销售员善于从客户已经认同的观点出发，从对方的利益角度提问，问题都是对方已经认可的用车常识问题，并且在对方认同的基础上，再进一步提出自我观点，最终达成交易。

在销售工作中，说服客户是销售人员必要的工作，也是艰难的工作。

要用客户的观点说服客户来买我们的产品，必须讲求方式方法。

一、对比法

所谓对比法，是指通过将自己的产品与同类产品进行有效比较，在效果、价格等方面产生较为明显的区别，而让客户真正地产生兴趣达成合作。

所以，我们必须清楚，做好销售人员首要的一点是做一个专业的产品顾问和专家。不仅要全面系统地掌握自己产品的优缺点，还必须了解行业动态以及同类产品的相关信息。这样，当客户说你的产品贵的时候，可以将与自己产品属于统一级别的产品进行对比分析，从而打消客户的疑虑，摆脱客户设置的陷阱，提高沟通的成功率。

二、举例法

此外，在业务开展过程中，还会经常遇到客户怀疑进行合作后是否可以顺利的问题。这时，采用举例法，用他身边可以感受很清楚的例子问题就可以得到很好的解决，使客户打消怀疑，加快做出积极的决定。

其实，举例法我们平常使用得比较多，这里就不再赘述。需要提醒一点就是所举例子的真实性和可对比性的问题，这点很关键。而在所举例子的空间和地域选择上，最好选择客户不远且真实的客户，让他有较为强烈的认同感。否则，忽视了上述问题，反而会与初衷背道而驰，让客户觉得被欺骗了，而引起客户的反感，从而失去下一次见面沟通的机会。

三、避实就虚法

从兵法的角度看，避实就虚就是避开敌人重兵防守的区域，转而在敌人防守薄弱环节实施攻击，从而为最后的胜利奠定坚实的基础。我们销售人员同客户的沟通，同样也是适用的。

此种方法的核心是通过客户对所表述产品的兴趣程度而定。如果客户对产品表示了浓厚的兴趣，则通过专业的知识和灵活的沟通技巧促使客户达成合作；如果客户因为自身原因或者对某一个或一类产品不感兴趣，则应该立刻停止关于该产品话题的沟通，转向客户比较感兴趣话题的沟通。

甚至立即停止沟通，找其他合适的机会再说。防止因为过于执著而让客户产生逆反心理，将你所有的产品都否定掉。

四、围魏救赵法

“围魏救赵”也是《孙子兵法》的一招。原指战国时齐军用围攻魏国的方法，迫使魏国撤回攻赵部队而使赵国得救。后指袭击敌人后方的据点以迫使进攻之敌撤退的战术。

此种方法用在应对客户方面，指的是通过对客户周围人员的关系营造，来间接影响客户本身，从而达到与客户成交的目的。在人员的选择方面，应把客户的家人放在首位，他们是影响客户最直接的因素。我们可以通过给客户孩子（如果比较小的话）购买一些小礼物等方法来俘虏客户的孩子和爱人；也可以选择一些礼物或者荣誉方面的东西来公关客户（指女性客户）或者客户的爱人；我们也可以借助中华民族传统的孝心，经常看望客户的父母；同时，如果客户因为特殊原因身体不适而住院等情况出现，也是我们绝佳的公关机会。

【销售精英实战指南】

第一，从客户的利益考虑问题，舍身处地地为客户着想。

第二，换位思考问题，让客户感觉我们和他是站在同一立场的。

第三，记住：对于客户自己认可的观点，销售人员做的无非就是整理归纳，客户自己再不接受，那不等于是自己打自己的脸吗？

第四，跟客户达成共识，把沟通结果整理成方案。

第五，在客户认同观点的基础上，再进一步提出自我观点，最终达成交易。

巧妙提问，只问答案为“是”的问题

德国物理学家沃纳·卡尔·海森堡说：“大自然从不轻易泄露自己的秘密，她只会对我们的提问做出回答。”这个道理同样也适用于销售过程中。客户一般不会说出自己的真实需求，这就需要销售人员把握察言观色的技巧，同时还必须学会根据具体的环境特点和客户的不同特点进行有效的提问，尽量让客户回答我们的问题，从而能够更多地了解客户的需求，最终达成交易。

在销售过程中，多数销售人员都会向客户提出问题，想以此方式来抓住销售的控制权。但是他们的问题往往是这样的：“我们可以帮您省钱，您是否有兴趣?”“这就是您想要的一款吗?”“您的企业还需要什么产品和服务?”这些大而空的问题，并不能帮助销售人员获得足够多的信息，更不能向客户提出有效方案。

那怎样才能更好地控制整个销售过程？

这就需要销售人员提出高质量、有效率的问题，才能向潜在客户展示公司的资历及自己的专业水平。例如，如果是卖广告的销售代表，他的问题需聚焦于潜在客户的目标及挑战，而不是中规中矩地问对方有怎样的广告计划，预算是多少，等等。因此，销售代表要更深入地了解客户，巧妙提问，尽量让客户回答你的问题，从而提出更具吸引力的方案。

一位大型通信设备厂的销售人员经常超越公司的销售纪录，他是怎么做到这些的？他说自己成功销售的秘诀就是经常进行有针对性的提问，然后让客户在回答问题的过程中对产品产生认同。下面是他的几种典型提问方式：

"您好！听说贵公司打算购进一批通信设备，能否请您说明您心目中理想的产品应该具备哪些特征？"

"我很想知道贵公司在选择合作厂商时主要考虑哪些因素？"

（以上两个问题的目的是弄清客户需求）

"我们公司非常希望与您这样的客户保持长期合作，不知道您对我们公司以及公司的产品印象如何？"

（这一问题的目的是为自己介绍公司及产品做好铺垫，同时也可以引起客户对本公司的兴趣）

"您是否可以谈一谈贵公司以前购买的通信设备有哪些不足之处？"

"您认为造成这些问题的原因是什么呢？"

"如果我们产品能够达到您要求的所有标准，并且有助于贵公司的生产效率大大提高，您是否有兴趣了解这些产品的具体情况呢？"

（站在客户需求的立场上提出问题，有助于对整个谈判局面的控制）

"您可能对产品的运输存有疑虑，这个问题您完全不用担心，只要签好订单，一个星期之内我们一定会送货上门。现在我想知道，您打算什么时候签署订单?”

（有目的地促进交易完成）

“如果您对这次合作满意的话，一定会在下次有需要时首先考虑我们，对吗?”

（为以后的长期合作奠定基础）

……

由此案例我们可以看出：销售人员与客户沟通过程中的一言一行都必须紧紧围绕着特定的目标展开，对客户提问时要有目的地进行，尽量让客户用“是”来回答你的问题，千万不要漫无目的地提问，脱离最根本的销售目标。

其实，销售就像开车：问题的提出者是司机，控制着销售过程的是方向，而问题的回答者就是乘客。遗憾的是，在多数销售人员看来，回应客户的问题才是销售。他们错误地认为，这样可以显示自己丰富的专业经验，并能促使潜在客户做出决定。实际上，一旦客户频频发问，他就坐上了驾驶座，控制了整个销售过程。因此，在提问过程中，销售人员应当注意以下几个方面，才可以提出更好、更有效的问题：

一、确定自己的关键目标

为了推进销售，或为你的客户制订最佳方案，你需要哪些信息？所提的问题需根据客户而变。

二、思考那个你将面对的客户

一个组织中，人的位置越高，就越应向其提出战略性的问题。因此，以适合客户的高度提出问题，了解对方企业的目标、挑战及障碍，可以为你带来有价值的信息。

三、多问“什么”，少问“是不是”

全球著名的销售大师尼尔·雷克汉姆的《销售巨人》一书中对提问与

销售的关系进行过非常深入的研究，他认为：在与客户进行沟通的过程中，你问的问题越多，获得的有效信息就会越充分，最终销售成功的可能性就越大。

是什么引起这个问题？为达成目标，你们采取了哪些措施？遇到了哪些障碍？你们期望的结果是怎样？——用开放式的提问法发现客户的问题所在，你就可以据此改进你的销售过程，并向对方展示你的产品或服务是一套怎样的解决方案。

四、问题循序渐进，灵活运用 SPIN 式提问法

所谓 SPIN，即探询现状（Situation）、发现问题（Problem）、引出潜在后果（Implication）、考察价值得失（Need－payoff）。四类问题，步步为营，问出客户当前及未来的需求，并引导客户思考：所述产品或服务所能解决的问题，价值几何。

在约见客户之前，销售人员应该根据实际情况针对最根本的销售目标进行逐步分解，然后根据分解之后的小目标考虑好具体的提问方式。这样一来，既可以避免因谈论一些无聊话题而浪费的时间，又可以循序渐进地实现各级目标。

最后还需注意销售代表另一个常犯的错，就是从一开始就放弃了主动权。

在与客户接触的最初阶段，销售代表通常会先向对方提出一个方案，然后才展开问答。这种方法并不高明，因为客户会在提问过程中掌握主动权。

因此，销售人员应先向潜在客户提出问题，然后根据客户的回答调整自己的方案，以满足客户的特别需求。如果你可以向潜在客户提出一个切合对方需求的方案，拿下这一单就不是难事了。

【销售精英实战指南】

第一，把握提问技巧的好处，既有利于把握客户需求、保持良好的客户关系，又有利于掌控谈判进程、减少与客户之间的误会。

第二，提问时必须保持礼貌，不要给客户留下不被尊重和不被关心的印象。

第三，记住弗朗西斯·培根曾经说过的话：谨慎的提问等于获得了一半的聪明。

第四，提出的问题必须通俗易懂，不要让客户感到摸不着头脑。

第五，问题必须切中实质，不要无的放矢。

第六，尽可能地进行开放性提问，尽量让客户用“是”来回答。

“说闻问切”，弄清客户面具下的真正表情

据统计，很多销售人员在拜访客户时成功率比预期低，甚至远远低于正常水平！其中最主要的原因就是没有注意沟通方式，没有弄清客户面具下的真正表情。“说闻问切”在拜访客户时显得尤其重要，可以让你在短短几分钟时间，快速了解一个客户的实际需求，他们过去经销相关产品的经验，以及他们现在想找什么样子的新牌子或产品等，这些重要信息都有助于一个销售人员制定、修正自己的谈判策略，提高拜访客户的成功率。

我们经常会遇到这样的情况：有的客户一直拒绝我们的产品，我们应该怎么办？应该放弃吗？

其实不然，优秀的销售人员是不轻言放弃的，首先我们要明白客户为什么拒绝，是什么原因使客户不接受我们的产品。找出拒绝的理由是做生意的第一步，弄清楚原因才能有针对性地制订解决方案。了解了这些情况再放弃也不迟。如果客户说他们合作有不愉快的地方或者在言语之间透露出对这个供应商不满的地方，我觉得销售人员要及时跟进，抽丝剥茧，不断地与客户进行沟通，弄清客户的真正需求。

中国有句古话：要想取之，必先予之。要想让客户认同你信任你，首先你要给他提供便利的服务，让他感觉你是在真心实意地帮他。

李晓雨：A乳品公司客户经理　陈德峰：某大型连锁超市采购负责人

周一早晨，李晓雨拨通了陈德峰办公室的电话。李晓雨：早上好，陈先生，我是A乳品公司的客户经理李晓雨。

陈德峰：你要谈什么产品进店？

李晓雨：我公司上半年新推出的乳酸菌产品，一共5个单品，希望能与贵卖场合作。

陈德峰：我对这个品类没有兴趣，目前卖场已经有几个牌子销售了，我暂时不想再增加品牌了，不好意思。(显然已经准备结束谈话了)

李晓雨：是的，卖场里确有几个品牌，但都是常温包装，我产品是活性乳酸菌，采用保鲜包装，您当然了解消费者在同等价格范围内肯定更愿意购买保鲜奶；其次我产品已全面进入餐饮渠道，销售量每个月都在上升，尤其是您附近的那几家大型餐饮店，会有很多消费者到卖场里二次消费；我公司采用“高价格高促销”的市场推广策略，所以我产品给您的毛利点一定高于其他乳产品。

陈德峰：(思考片刻）还有哪些渠道可以销售你们的产品？

李晓雨：现在已经有100多家超市在销售我们的产品了，其中包括一些国际连锁，销售情况良好，我可以给您出示历史数据。(通过事实情况的叙述增强对方的信心)

陈德峰：好吧，你明天早上过来面谈吧，请带上一些样品。

小结：在此次通话时，李晓雨表现出灵活的应变能力，抽丝剥茧，争取了

一次合理的致电机会。面对买方的拒绝，李晓雨按照电话谈判的要点，弄清客户面具下的真正表情，在很短的时间内简洁地告诉对方产品的独特卖点与竞争优势，成功地提高了对方的谈判兴趣，最终赢得了双方常规谈判的机会。

很多时候，那些经验丰富的销售人员都会感觉到自己的工作在某种程度上与中医的“望闻问切”四诊之法有着异曲同工之妙，分辨“阴阳表里寒热虚实”八纲之症。在挖掘客户需求过程中，销售人员不妨用此法来诊断客户，抽丝剥茧，挖掘客户面具下的真正表情。只是在这里我们要做一个更改，将中医的“望闻问切”之法改为“说闻问切”。

一、说

说什么？“三寸不烂舌，两行伶俐齿。”说的内容丰富多彩，说的方式千奇百怪。但有一点必须得说，那就是“我是谁”，成龙大哥可以站在山巅仰天长啸“我是谁”，把疑问留给世界，但是你就不能。告诉客户“我是谁”就是宣传自己，宣传门户，让客户认可，让客户与你合作。因此你首先应该告诉别人你是谁，是干什么的。说完了我是谁，然后就是你可以帮别人做什么。人家了解了你才愿意接受你的帮助。别说太多，长篇大论只会让人反感，尤其是和对方初次沟通时。

二、闻

听是一种很好的沟通方式。“眼见为实，耳听为虚”。但是如果不认真去听，那么眼睛所见恐怕也难为实。聆听是了解的过程。你想了解什么？当然是了解目标客户需求，也就是期望。目标客户希望得到什么，可以付出什么。客户有了兴趣和需求，并不代表马上就能合作，因此还要仔细聆听目标客户的顾虑。销售人员在首次接触目标客户之时，所听到的大部分内容都不是对方的真实想法，目标客户往往不喜欢表露真实想法，但是假话越多，越容易暴露真实想法，因此我们不仅要听假话，还要记住假话。

三、问

销售人员要善于发问。问什么，怎么问很重要。问什么得先明确自己想知道什么。等待目标客户说出需求和顾虑很难，也很不现实。目标客户借口很多，但你不能揭穿，最好的办法就是用问题去探求真正原因。

四、切

给你的销售沟通做分析总结。在和目标客户沟通的过程中应注意以下几点：

（1）目标客户对你的讲述是什么反应？

（2）目标客户提出了什么问题？用意是什么？

（3）目标客户还有哪些顾虑？

（4）目标客户真正的期望是什么？

“说闻问切”的结合应用是弄清客户面具下的真正表情的重要方法之一。将这些方法结合起来，彼此渗透，才能全面、系统、真实地了解目标客户需求，从而做出正确判断，促成合作。

【销售精英实战指南】

第一，把握客户的潜在需求、保持良好的客户关系，尽量减少与客户之间的摩擦。

第二，当销售人员以征求客户意见的态度向他们提出友好而切中他们需求的提问时，他们会渐渐放松对销售员的警惕和抵触心理。

第三，态度第一，技巧第二。作为销售人员首先要有自信热情的态度，让目标客户有理由信任你；其次要掌握一定的沟通技巧，这是你成功地与客户交往的基础和关键。

第四，抽丝剥茧，层层深入客户内心所需，揭开客户的面具。

第五，掌握人性，了解客户的心理及想法，给客户留下深刻的印象。

放眼前瞻，为客户描绘一幅美妙远景

在销售过程中，放眼前瞻，为客户描绘一幅美妙远景，这个方法是考验销售人员对客户信息的把握情况，以及谈话过程中对客户心理的把握。既要察言观色，也要具备较好的沟通表达能力。平时要多研究一下人的心理，以及不同性别、年龄、家庭背景、性格的人喜欢什么样的话题，有什么样的爱好，这样才能及时切换话题，化解尴尬，进一步刺激客户消费，从而为以后的进一步跟进打下基础。

靠一间酒店来营销整座城市，阿联酋迪拜的“帆船酒店”做到了。

“帆船酒店”建立在离海岸线280米处的人工岛上，宛如一艘巨大而精美绝伦的帆船倒映在蔚蓝色的海水中。2004年酒店建成至今，从世界各地涌入迪拜的游客从300万骤增到600万。这座建在海上的地标性建筑，使世界认识了迪拜，更为迪拜带来了庞大的人潮和无限的商机。

伟大的创意，宏大的气魄，恢弘的手笔，放眼前瞻，影响着一座城市的发展，刺激着客户消费，为客户描绘出一幅美妙的远景，感受成功后的喜悦，这是何等惬意?

从前，有两名销售梳子的销售员，姑且称他们为销售员A和销售员B吧。

有一天，两人结伴外出，无意中经过一处寺院，望着人来人往的寺院，销售员A大失所望，“唉，怎么会跑到这个鬼地方……哪有和尚会买梳子呢?”于是打道回府。(点评：轻易放弃销售机会是普通销售员经常犯的错误)

而销售员B不断告诉自己“既来之，则安之，不行动怎么会有结果呢?事在人为嘛”。于是，他径直走进了寺院。(点评：同样是一朵玫瑰花，悲观者看到的是刺，乐观者看到的是花，不同心态与心智模式会导致不同的结果与命运，而销售高手必备的基本心态就是积极的心态，即使只有一线希望，也要全力以赴去争取)

和寺院主持见面后，销售员B深施一礼：“方丈，在下今天要帮您做一件功德无量的大好事!”(点评：切入点升级，以求引起对方更高兴致)

待方丈询问原因，销售员B将自己的宏伟蓝图向方丈描绘：“寺院年久失修，诸多佛像已破旧不堪，重修寺院，重塑佛像金身是方丈的夙愿，然则无钱难以铭志，如何让寺院在方丈有生之年获得大笔资助呢?销售员B拿出了100把梳子，分成两组，一组梳子上写有“功德梳”，另一组写有“智慧梳”。销售员B对方丈建议，在寺院大堂内贴有如下告示“凡来本院香客，如捐助10元善款，可获高僧开光的‘智慧梳’一把，天天梳理头发，智慧源源不断；如捐助20元善款，可获方丈开光的“功德梳”一把，一旦拥有，功德常在，一生平安”，如此一来，按每天300香客计算，若有100人购智慧梳，100人购功德梳，每天可得善款约3000元，扣除购买梳子的成本，每把挣10元，可净挣善款2000元，如此算来，每月即可筹得善款6万元左右，不出一年，梦想即可成真，岂不功德无量？（必要时的数字与逻辑说明，会更具说服力）

销售员B讲得兴致勃勃，方丈听得心花怒放，两人一拍即合，方丈当即购下1000把梳子，并签订长期供货协议，如此一来，寺院成了销售员B的超级专卖店。

在销售过程中，销售人员要学会从谈话一开始，就创造一个有美感的气氛，而不要形成一个丑恶的气氛。创造一个良好的谈话氛围，有利于从积极的、主动的角度去启发客户、鼓励客户，帮助客户提高自信心，并接受销售人员的意见。

巧妙地向客户放眼前瞻，对于销售人员来说有着诸多好处：

一、有利于保持良好的客户关系

当销售人员针对客户需求为客户展示一个美好的远景时，客户会感到自己是对方注意的中心，因此会更积极地参与到谈话中来。

二、有利于掌控谈判进程

主动营造美轮美奂的气氛可以使销售人员更好地控制谈判的细节，以及今后与客户进行沟通的总体方向。经验丰富的销售人员总是能够利用有针对性的谈话来逐步实现销售目的，并且可以巧妙地获得继续与客户保持友好关系的机会。

三、有利于减少与客户之间的不悦

很多销售人员在与客户沟通的过程中，经常会遇到误解客户意图的问题，不管造成这种问题的原因是什么，最终都会对整个沟通进程产生非常不利的影响。因此针对产品，为客户展示出一幅美景可以尽可能地减少这种问题的发生。

所以，当你对客户要表达的意思或者某种行为意图不甚理解时，不要自作聪明地进行猜测和假设，应该根据实际情况进行分析和问答，弄清客户的真正意图，然后根据具体情况采取合适的方式进行处理。

【销售精英实战指南】

第一，要尽可能地站在客户的立场上，围绕着自己的销售目的与客户沟通。

第二，须关注客户需求，注意客户的喜好，抓住客户的兴趣爱好为其描绘出一幅美妙远景，刺激客户消费。

第三，见到客户的第一时间起就要关注整体环境和客户透露出来的重要细节，只有建立在最充分信息的基础上，才能为客户放眼前瞻，提出更具有针对性的策略。

第四，描述产品时，语言要诚恳生动、简明易懂，不要让客户感到烦琐，以免客户出现厌烦心理。

第三章

找到突破点各个击破

——处理不同类型异议的 5 种针对策略

如何解决异议，首先要寻找解决异议的突破点，正因为每种异议都不是无懈可击的，才使得我们在处理客户的异议时有机可寻。当处理异议时，销售员应选择恰当的时机，避免与客户争吵，这样才能完美地处理客户的异议。

应对拖延型异议，承诺与信心结束拖延

拖延型异议是指客户表面上对合作意向兴趣模糊，其真实情况可能是：客户没有决策权，需要上级审批；客户的需求没有得到真正的满足，他们等待销售人员揣摩其心理，提供承诺和服务。因此，当销售人员遇到拖延型的客户时，要有足够的耐心开导客户，挖掘客户需求，给客户承诺和信心。

销售人员在销售过程中经常会遇到客户这样的回答和表述："谢谢你的介绍，现在不行……不过，可以将你们的资料留下来，我们再研究研究。"、"我们现在还在考虑其他几家的产品。"、"我们在购买之前会很好地研究的。"、"这次算是了解你们公司和产品了，等我们有需求时，我会首先考虑你们的产品。"这些都是一般客户的拖延性异议的表现。

客户真实的情况可能是：客户没有决策权，需要上级部门应允批准；

客户真正的需求没有表现出来，他们等待销售人员揣摩其心理，提供服务和承诺。

销售人员对此应采取的应对办法是：诚恳地、推心置腹地了解客户不下订单的原因，真诚地、实事求是地介绍自己的产品，靠诚信来感动客户、打动客户，给客户树立信心，争取客户信任，达成交易。

A公司同客户C先生对产品B的购销已经洽谈了一段时间，但每当A公司想同C先生敲定合同时间时，C先生总是推说“时间不急，还需要进一步了解产品及其性能，才能将双方的合作最大利益化”。

于是A公司销售人员走访多次，诚恳地和C先生进行交谈与沟通，实事求是地向C先生介绍自己产品的优点和能为其带来的利益。经过对此推心置腹地交谈和沟通，销售人员终于了解了C先生不下订单的原因：C先生对A公司这样的新公司不够信任。于是，销售人员再一次拜访C先生，这次销售人员带上了产品B的样品和公司对客户的承诺书，经此番诚恳地介绍和承诺之后，C先生三天后就下了订单，并且批量还不小。

由此可见，对待拖延型客户的异议，销售人员只有诚信才能取得客户的信任，赢得市场，获取合作关系。

古人云：“诚信者，天下之结也”，说的是做人做事要讲诚信，是天下行为准则的关键。在如今竞争激烈的销售市场中，销售人员只有做到诚信和承诺，满足客户的需要，才能保持客我之间的良好关系，使销售人员今后的工作顺利持续下去，从而赢得客户、赢得市场。但是我们应该如何做好服务承诺，给客户带来信心呢？

一、服务承诺应该量力而行

俗话说：“承诺是金。”这句话告诉我们，许下承诺是一件非常重要的事情。因此我们在服务客户时，首先应考虑的是在我们能力范围内能给客

户什么样的承诺，不能夸下海口，否则会让客户觉得你不可靠，不能给人一种信任感。比如：客户反映品牌货源不足，这就不是我们应该能够向客户许下承诺了；还有申请停歇业，这就不是我们能够给予肯定的承诺范围了。其次，我们应该考虑承诺能给客户带来什么样的效果，如果许下的承诺不能给客户带来成果，那么倒不如不给予服务承诺。最后，我们应该考虑承诺是否需要和相关部门结合，如果需要我们应该先咨询相关人员再给予承诺。所以销售人员在服务客户时，不能随便给予客户承诺，如果不能兑现承诺就会影响你在客户心目中的印象，妨碍你今后的工作是顺利进行。

二、"分圆式"服务承诺

很多时候客户在向我们咨询时，都要我们当场给予承诺，但是他的问题关系到很多相关部门人员。作为一名服务客户的合格销售人员，我们不能让客户逐一与相关人员联系，否则违反服务的大忌。这时我们也不能直线型给予承诺，否则可能会无法兑现服务承诺。我们应该以"分圆式"服务给予承诺，就是说我们要环绕中心进行分段给予承诺。比如：我们在对客户进行经营指导时，都是围绕提升客户经营能力为中心的，但是客户经营指导分为几个部分，这时我们应该分段给予承诺，因为指导经营包括多方面内容，成功的可能性主要由客户本身决定，而不是我们当场给予指导成功承诺，所以我们应该保证我们能够把握的给予承诺。最终我们还是根据客户配合程度分段给予相应的承诺，这样就不会影响到客我之间的关系，同时也保持着一个回旋余地。

三、及时处理承诺，升华客我情感

在我们给予客户服务承诺时，应该想方设法将其兑现，及时给客户一个满意答复。我们的一个承诺关系到我们对客户服务的已有成果，如果无法给客户一个满意答复或者不能在客户耐心等待时给予回复的话，我们就会在客户心中留下一个污点。就应了一句俗话："好事不出门，坏事传千里。”所以我们应该及时给予客户兑现承诺。

简单说来，服务承诺是我们销售人员应该给予客户的，也是销售人员对客户负责的体现。因此，销售人员应该小心处理每一次的承诺，保证客户对我们的服务满意，以升华客我之间的情感。

四、鼓励客户

鼓励客户是销售过程中最重要和最困难的步骤，因为这与一般人受到攻击时的自然反应背道而驰。人受到攻击时，都会为自己辩护。销售人员听到拖延型异议时，总是希望立即提出解答（或索性假装没听到），这是错误的处事方法。在客户提出拖延型异议的一刻，不要急于答辩，应该坦然接受，并且表示自己乐意听取客户心中的疑惑，然后，细心倾听对方的说法。

鼓励客户发言，表示与对方心意相通。设身处地体会客户的感受，有助于缓解敌意和抗拒情绪，使对方乐意与你一起解决问题。

鼓励也是销售人员有机会思考解答客户拖延型异议的最佳方法。“我明白你为何对此感到忧虑”或者“可以告诉我多些事情的情况吗”都是鼓励客户的话。不过要注意，鼓励客户不等于同意客户的讲法，但你必须同意对方在异议会谈中是坦诚表达自己的感受。在鼓励客户时，必须谨记以下要点：有疑问时，请客户详细解释；与客户建立完全信赖的伙伴关系。

【销售精英实战指南】

第一，切记不要急躁，如果客户不尽快下单就放弃快要钓到嘴边的鱼。

第二，诚信对待客户，将自己产品的优缺点都开诚布公。

第三，用心服务客户，想客户之所想，不断提供人与技术完美结合的高附加值高品质的服务，为客户赢得最大的利益。

第四，介绍产品时，语言要诚恳生动、简明易懂，给客户必要的承诺和信心。

应对掩饰性异议，提供可行性解决方案

所谓掩饰型异议，指的是客户以一些表面上的托辞来拒绝下单，真实想法可能是：客户的资金不足；客户对代理商了解不足，双方还没有建立起足够的信任关系；客户对品牌了解不够，不信任；等等。销售人员应采取的应对办法是：对客户进行重新定位，深入分析判断，分析客户善意的“谎言”在掩饰什么，针对客户的真实需求，提出帮助客户的可行性办法。

一般情况下掩饰型异议的客户可能这样表述：“产品不错，坦白地讲，我现在钱不够。”“近期工程量不多，没有设备需求”、“你们的产品是品牌的吗？我们最近的生意不太好，没有购货打算”等等。

面对诸如此类的掩饰性异议，一般销售人员可能轻易放弃销售机会。遇到抱有掩饰性异议的客户，作为专业的销售人员要有坚持不懈的职业习惯和不断挑战自我的精神。就好像同样是一枝玫瑰花，悲观者看到的是

刺，乐观者看到的是花，不同心态与心智模式会导致不同的结果与命运，而销售高手必须具备积极的心态，即使只有一线希望，也要全力以赴去争取。

只有不轻言放弃，坚持努力去发现去探索，才能真正领悟客户掩饰性异议背后的真实需求，从而针对问题为客户量身打造解决策略，提出可行性建议，为交易的成功做铺垫。

小王是某电力设备公司的销售人员，他与客户张先生就设备的销售已经洽谈了一段时间。但客户张先生总是拿以诸如“你们的产品不错，但是我公司现在账面上的钱不够”此类的话搪塞小王。小王在跟张先生谈了几次都未能敲定合同的时候，仔细分析了客户推脱的理由，考虑张先生是否确实是因为资金短缺的问题。

于是小王跟公司内部高层商议后，决定将设备的账款采用客户方分期付款的方式来促单。之后，小王又一次拜访了客户张先生，将其公司推出的分期付款方式的建议诚恳地告诉了他，张先生听到小王如此让步，欣然同意了，并表示账款一定会按合同的规定按时按期地到账，因此也促成了合同。

由此案例可见，当销售人员面对掩饰型异议的客户，只有仔细分析客户的真实意图，给对方做出好的建议，让其感觉你是真心实意的，才能建立良好的合作关系，达成交易。

客户在购买过程中提出掩饰型异议时，销售人员要保持积极乐观的态度，从客户的兴趣爱好着手，试图了解客户异议背后的真正需求，为客户提供可行性建议。

一、明确什么是可行性的建议

提案的可行性主要指提出的建议、意见和要求，应具有实施的条件和可能及可操作性。如果一件提案的“理由”部分很具说服力，科学性很强，提出的建议和要求充分考虑到客观条件，采纳的可能性就大；反之，不考虑实施的条件与可能，采纳的可能性就小，只能起到参考作用。

提案的目的是解决问题，要想真正解决问题，销售人员就应在“建议、要求”的内容多下一些工夫，把建议建立在可行性和可操作性基础之上。

二、个性化销售——量身打造解决方案

作为专业的销售人员，必须要有独立分析客户需求的能力。通过具有针对性、引导性的轻松交谈，帮助客户挖掘和明确其生活中的真实需求，为下一步打造量身定制的解决方案奠定坚实的基础。

“以客户需求为导向”是销售人员为客户提供建议的精髓，也是销售人员在销售过程中要坚持秉承的服务理念。只有在帮助客户明确不同人生阶段的相应需求的前提下，才能根据客户的实际资产状况、风险偏好等因素，为客户量身打造真正可以满足其需求的建议方案。

三、个性化管理——严格确保客户利益

为确保客户能获得个性化的服务和解决方案，销售人员还应在后台运营和管理环节实行差异化的流程管理，不断提升服务品质，为客户提供真正“关心、安心、贴心”的全方位服务。

所有销售人员只有进行循序渐进、不断升级的系统性培训和多个阶段的严格考核，才能奔赴一线为客户提供高品质的建议和服务，才能严格保证客户的利益。同时，销售人员还可以创立独树一帜的产品推荐“建议书”系统，使其为客户提供的需求分析及解决方案更加标准化、专业化，在强化服务品质的同时，也提升了客户的信任感。

四、提供的建议要具有一定的科学性

提供的建议具有科学性是其被承办部门采纳或引起重视的重要条件，也是反映提案质量的一个重要标志。它主要指提案应言之有据，持之有理。

所谓言之有据，是指提案的提出要有事实依据，唯物、客观；对案情的叙述要清楚具体。这是一件提案能成立的大前提。要做到这一点，在写提案前，要作一番认真的调查研究，核准事实。

所谓持之有理，是指对出现问题的原因作科学分析和正确判断，这是提出可行性建议和要求的基础，也反映了提案者的分析能力和理论水平。

提供建议主体部分有其固有的程式，可以理解为“问题—原因—建议”三部曲，而科学性在其中起着重要的主导作用。

【销售精英实战指南】

第一，当客户提出掩饰型异议时，要仔细分析客户异议背后的原因，才能对症下药，促单成功。

第二，面对分析后的深层原因，要给客户提供一些互利双方的建议，以期合同的促成。

第三，秉承“以客户需求为导向”的一贯理念，紧紧抓住客户的消费心理，大胆设想，小心求证，逐步引导，提供可行性建议。

第四，面对掩饰型异议的客户，不能轻易放弃销售机会。

第五，记住：成功的人永远在找方法，失败的人永远在找借口。

面对挑战型异议，用技术对比征服他

所谓挑战型异议，指的是客户表面上言辞激烈，但背后的真实想法可能是客户听信了竞争对手的“坏话”，导致客户犹豫不决；客户正在货比三家，了解竞争对手的产品、价格和服务等。销售人员应采取的应对办法是：根据客户的异议了解到自己产品的弱点或不足，向客户做专项技术性介绍，真正从技术角度、使用角度方面使客户信任，这样客户才能下决心购买。

一般客户的挑战性异议可能是“你们的价格比知名品牌高了几万元”、“你们的汽车与××品牌一样，凭什么就你们的省油?”“你们的机器故障率高、回转速度慢”等带有批判色彩的语言。遇到这样的客户，你要怎么办呢？立刻反驳争辩吗？你可以这样做，但这样做对最后的成交有用吗？对业务的开展有帮助吗？

遇到挑战型异议的客户，我们该怎么办呢？我们可以先学着耐心倾听。因为客户往往是对产品或服务感到不满意的时候，才会言辞激烈。

许多销售人员在客户尚未表露不满意向时，就很焦急地想找借口应付他，如果你一再地辩解，客户会情绪性地产生反感。他的不满一旦严重表现出来，将会带走更多的顾客。所以销售人员要永远记住，不要争辩，要耐心地倾听，尽量地多听别人的，然后在适当时机才表达你的观点。

一位顾客走进地毯专卖店，小孙迎上前去。

小孙：小姐，来选地毯呀?

顾客：嗯，随便转转。

小孙：我们店推出了两款新产品，购买这两款产品的话能够享受特价优惠和超值服务。你来看一下，就是这两款产品。

顾客：确实不错，特别是这款绿的，看上去清新淡雅，很有档次的样子。

小孙：您真有眼光，这款“清溪流泉”卖得最好，我们的客户百分之八十都选用这款产品。你肯定知道，绿色是所有颜色当中最能够让人放松心情的颜色了。

顾客：花色是不错，多少钱?

小孙：这款是我们推出的顶级产品，原价1248元，可以给你打八八折，1098元。

顾客：哇，这么贵。隔壁那款花色差不多的标价才848元而已，这个价钱也太离谱了吧。

小孙：您看，这是一支油性笔，你在这片砖上随便写几个字。

顾客按照小孙的要求在地毯上写了几个字，小孙拿起一块抹布轻轻地将字迹擦去。

小孙：为什么我们这款地毯是专门针对高档社区推出的呢？就是因为

它拥有顶级的防污能力。我们这个砖无论从配方到选料，还是从研磨到烧成，全都是采用从意大利和西班牙进口的机器设备和高档原料，最后再应用纳米技术对其进行防污处理。你想想，当您不小心把茶、油、墨水、葡萄酒这些东西不小心洒在地毯上的时候，只要用布一擦，就还你一个干净的地毯。您既不用每个月固定请家政公司打扫，又不用在家里准备一大堆酸性、碱性的清洁剂，蹲在地上擦呀擦的搞半天，又省钱又省时间，多合算呀。

顾客：（思考片刻）好吧，那就要这个吧。

此案例中，销售人员从地毯的原料和使用角度对客户进行专项技术性分析，避免了挑战型客户激烈的言辞，达成交易。可见，当面对客户的挑战型异议时，只有通过专业的技术性介绍，客户才能下决心购买。

销售人员面对挑战型异议的客户时，要注意以下几点。

一、管理好自己的情绪，用积极的情绪来感染客户

所谓人非草木，意思是指人都有喜怒哀乐，有各种情绪。作为一个销售人员，既不能使自己的情绪太低落，也不能易怒，易躁，失意，否则既影响了顾客的情绪，又伤害了自己。

销售人员如果把消极情绪带到工作里来，带进销售中来，那么这场销售就会变得很危险。销售是一种很艰难的工作，销售的另一个名词就是“拒绝”。拒绝会带来悲伤、挫折和失意等负面情绪。如果销售人员不能迅速调整自己的情绪，就很可能被负面的影响打倒，从而导致销售失败。

人是情绪化的动物，客户亦然。销售是信息的传递，情绪的转变。大部分人购买策略是建立在情绪化的、感性的基础之上的。如果销售人员把不好的情绪传递给客户，结果只会导致销售失败以及给顾客一个不好的印象。

二、要做好专业知识的准备工作

专业知识的准备是指对自己的产品要有100%的了解和绝对的信心。销售人员不仅需要了解自己产品的专业知识，同时需要了解竞争对手产品的专业知识。

所以每个销售人员都要有这样一个概念，即如果你今天推广健康食品的话，你一定要了解其他名牌健康食品的优点在哪里；你今天推广护肤品，就要了解其他名牌护肤品优点在哪里；你曾经问顾客为什么购买别的健康食品，而没有购买你的健康食品。事实上我们让客户认可产品，大部分因素是靠对产品专项技术的介绍。各个行业的专业知识对企业和经营者的成败是至关重要的。所谓“三百六十行，行行出状元”，只有掌握和运用了这些知识的行家才能使销售工作顺利完成，由此可见，了解产品专项知识是非常重要的。

三、永远不要和客户争辩

在与客户进行工作交流的时候，销售人员要记住：永远不要和客户争辩对与错。否则客户会产生抵触情绪，从而使你很可能完不成市场推广的职责。

当客户提出疑问甚至质问的时候，如果我们正面地、直接地回复，会冲击对方的自尊心，让对方感觉到自己被“打压”，从而产生抵触情绪，这样做的直接结果是他不与你进行合作……虽然在道理上是“获胜”了，可是在结果上却“失败”了。这就好比婚姻中的男女，如果一味地争执某件事情的对与错，不仅伤了对方，也伤了自己。这种类似的情况下，就没有了“赢”和“输”，而只剩下了“双输”。

因此，当面对挑战型客户时，我们应该采取引导的方式，首先肯定对方，其次，用类似“但是”、“可是”、“然而”等词作转折，将对方的思维引导到我们的思路上来……这样的话，有利于实现客户与我们在思想上的一致，达成我们“推广”的目的从而实现“双赢”。

【销售精英实战指南】

第一，面对挑战型异议时，要平心静气，仔细分析客户语言背后真正的理由。

第二，当客户面对产品产生质疑时，要通过技术人员对产品的专项性技术介绍，来取得客户的信任。

第三，学会先发制人，以防为主。在客户没有提出挑战型异议之前，主动用专项技术说服他。

第四，销售人员不仅需要了解自己产品的专业知识，同时需要了解竞争对手产品的专业知识，做到知己知彼。

第五，记住：在这个世界上没有永远挑战抗拒的人，只有不懂得变通的人。

应对疑问型异议，最实用的产品介绍解除疑虑

所谓疑问型异议，指的是客户表面上有想签订合同的意向，但真实的想法可能是：客户认为销售人员的报价太高；客户怀疑代理商是否能够按要求供货。如果出现这种情况，首先要祝贺销售人员，这是客户的购买信号，请销售人员按捺住急于成交的心情，再向客户做详细、诚恳的说明和解释，这个订单成功签订的可能性极大。

一般客户的疑问性异议可能是这样表述的："看来你们的产品不错，我再看看别的产品对比一下。如果你给我的是最低价，我就再回来购买你的产品。""你们的机器不错，我们的需求也不小，什么时间能够提机？""你们的产品很好，但是××公司的好像比你们的价格便宜很多？"

销售人员遇到这样的情况时，或许心里暗自高兴，因为提出这种想法的客户说明他们已经有购买欲望。此类客户在选择与销售人员合作前，考虑问题比较细致、全面，如同股市超级股民一样，善于选择与具有品牌价值深厚、富有个性、发展潜力的潜力增长股——新品企业合作，注重长远合作和利益的追求与实现。此类客户追求的目标是实现共赢。

地点：客户办公室

人物：客户、销售员

销售人员："陈总，这台普通纸的传真机能让您在收到的传真文件上很轻松地批下各种意见，交有关人员处理，也就是说普通的纸就可以在上面写字了，这台传真机真不错吧？可以解决你以往的许多苦恼，输出的纸张是固定的A4或者B4的规格，能够改善您目前规格不统一的剪裁所造成的存档或者遗失的困扰。这30页的A4记忆储存的装置使您不用担心纸张用完以后收不到重要的信息，延误你们企业的商机。上面这几点都是您感到困惑的事情，我们这台普通纸传真机能够立即解决贵公司的问题，同时价格方面您也是非常清楚的，知道我们给您的是最优惠的价格，是否请陈总在这份装机确认书上签下您的大名，好让我们安排装机的工作。"

陈总：（思考片刻）那你明天带上合同和工具过来装机吧。

由此案例可见，对于疑问型异议的客户，要抓住客户的购买意向，做最详细实用的产品介绍，然后获得客户的认同，一起来总结，这样才能赢得客户的信任，取得合作关系。

销售人员面对疑问型异议的客户时，要注意以下几点，以此来抓住有意向购买的客户，并诚恳地做最实用的产品介绍，以促成交易的成功。

一、正确判定客户是否已经产生购买意向

销售人员在销售过程中要善于分辨客户是否有购买意向。一般来说，即使客户对你的产品产生了浓厚的兴趣，但不会主动提出购买要求，甚至

有些客户的购买意识只是转瞬间的事情。如果你不能及时发现客户的购买信号，适时地加以促成，很可能就会错过这单生意。

实际上，通过我们对客户行为的观察就会发现诸多有意购买的迹象。比如：

①反复就某一具体的问题提问。例如：产品的性能、规格、型号、运输、包装等。这时你要不厌其烦地为他进行介绍，直到他没话说了为止。

②拼命地压低价格，甚至施以威胁的口气。例如：再不降价我就到别人那里去买，这时你要沉住气，不要乱了方寸，如果对方真的知道有更便宜的价格的话，早就不在这儿跟你磨牙了。

③对方不说话了，开始陷入沉思。这是个很明显的购买信号。

④对方作出一些显示焦虑的举动。例如：用手敲桌子，来回踱步，不断地拿起茶杯喝水。这也许表明对方在做激烈的思想斗争。

⑤对方开始很仔细地翻阅你带来的资料，并不住点头。

⑥对方语气变得缓和，目光变得温柔，不再像刚见到你时那样的横眉冷对，并且开始询问有关售后服务的事情。此时对方似乎已经准备掏钱了。

⑦对方表示赞赏。例如：说出好、不错、还行、是那么回事儿等话语。

⑧对方把他的领导或同事或技术人员请来一起参与探讨。这说明对方对你产品的足够重视。

这只是其中的一小部分，还有很多客户即将购买的征兆，需要你在跟客户交谈的过程中仔细地进行观察。很多时候客户的表现并不像上述的那么典型，那么的理想化，这就需要我们根据具体情况进行分析、揣摩，通过客户的一些细微变化而发现端倪。

二、让客户感到亲和感

与客户建立融洽关系是所有影响力的基础，这正如同建一栋大楼，必须先打好基础。

我们的眼睛、耳朵、舌头、皮肤等都是接受信息的器官。一个销售人员的服装很得体，给人的感觉是其十分重视仪表。讲话很有层次，客户自然会感觉你非常专业，这时他的耳朵在接受你的信息。当你在展示产品时，他用眼睛在看产品。要求客户参与主要是为了能使他的触觉器官也接受信息。我们所做的一切就是让客户对销售人员更加信赖。

《公元2000年大趋势》中写道："现今企业的成功，大多都是由于客户长期的满意，建立口碑，重复地购买，而使采购的周期延长。"因此，对于销售人员来说，建立亲和感要学会与客户呼应，学习用他的方式来说话，用他的方式坐或站，用他的方式进行移动，用他的节奏来呼吸，要尽可能地配合客户不同的步调、观念、行动、处理信息的方式。

三、用简短有力的语言做最实用的产品介绍

为了让消费者不受语言、文化的束缚，接受我们的产品，销售人员真是绞尽了脑汁。其实最好的办法就是用通俗易懂的语言介绍产品最实用之处。可以现场展示，还可以把操作方法、注意事项制成录像带，在卖产品的同时送给顾客，既省却了看不懂说明书的烦恼，又使顾客感到有一种受到优惠的感觉。在供大于求的买方市场上，任何一个方便消费者的举措都会给企业带来更大的利润。

纽约的一位评论家说：未来消费产品的设计就是把不必要的花样拿掉，因此消费科技产品的设计不能脱离实际、脱离生活、脱离顾客的需要，这是20世纪90年代后期、21世纪初期，消费科技产品设计经营者研究的重点。对于我们销售人员来说，要学会在销售过程中用"简单明了"的原则，这样才能让客户感到不是那么啰唆而听得进去。

【销售精英实战指南】

第一，面对疑问型异议的客户，要仔细聆听，判断客户是否有购买意向。

第二，在确定客户的购买意向后，要给客户做出最实用的、最详细的产品介绍，以求抓住客户意向，促成交易。

第三，介绍产品时，尽量用简短有力的语言给客户留下深刻印象。

第四，在做最重要的是事前理清自己的思路，围绕目的进行。

第五，记住：在销售领域，彼此没有信赖感是无法达成交易的，要以诚待人。

应对限制型异议，可视化的投资回报最有力

所谓限制型异议，指的是客户表面上好像没有要购买的意向，但是真实的想法可能是：客户已经和竞争对手达成“意向”，需要几个“垫背”的；客户没有看清投资回报，不知道投入是否值得。销售人员对于限制型异议的客户，要尽量从利益最大化的角度出发，让客户真真实实地看清产品的投资回报，引导客户达成交易。

销售人员经常听到客户这样的说辞：“你介绍得很好，但是我们现在的设备挺正常的，好像没必要再花钱换掉正在用的设备”、“你们的产品真不错，但是你得联络我们公司总部，我们一般是统一采购的”、“半年以后再找我们吧，那时我们可能会考虑”、“我们需要招标，需要至少3家来应标才可以”。销售人员遇到这样的说辞时，不要轻言放弃，应认真分析探索客户的原因，解决异议问题。

俗话说："到什么山唱什么歌，见什么人说什么话。"只有对不同的客户加以区别对待，具体分析，方能赢得对方信任和认同，有进一步深入洽谈的机会。因此，销售人员在与客户沟通和业务合作洽谈时，要清楚把握客户的类型，让客户看清投资回报，以便量体裁衣地制定出个性化谈判沟通策略，吸引对方合作。

A公司与客户C先生对产品B的购销已经洽谈了一段时间，但每当A公司想同C先生敲定合同时间时，C先生总是推说："你们的产品很不错，但是我们一般都统一采购，如果你要销售的话，得联络我们公司总部，那边才能确定我们是否要购入。"因为客户需求意向不明朗，销售人员看到了客户异议背后的意思可能是没有看清投资回报，不知道投入是否值得。销售人员B先生再一次跟C先生的洽谈时，列出了购入的投资回报表，让客户C先生对此类产品的收益性一目了然。当C先生看到如此丰厚的投资回报时，也与A公司表明向总公司申报购入该批设备的意向，虽然合同还未正式敲定，但事实端倪已经小荷初露了。

由此可见，面对限制型异议时，要主动向客户展示投资回报，如果客户真没有购买意向的话，应该及早放弃，重新寻找新的意向客户。

在市场竞争日趋白热化、客户盈利越来越困难的营销环境里，越来越多的客户开始关注他们的投资回报，并期望运用更加专业的手段，对投资回报进行缜密的研究、评估，以减少投资失误，增加利润（现金流）的流入。因此销售人员要能够客观地为客户提供产品的投资回报，让客户放心投资。

一、销售人员要明确什么是投资回报

投资回报率是一个比较简单的概念，它指所投入资金的回报程度。在客户投资中，收益主要表现在成本降低和收入增长两方面。

销售人员对客户实施投资回报策略分析有助于为企业带来显著的商业和经济效益，这便是企业纷纷对此投入大量的人力和财力以期获得并保持客户，最终在竞争中获得优势的原因。

然而，就像许多人所知道的那样，成功实施投资回报分析，首要的准备就是清楚理解实施目标，明确客户真正关心的回报，要有缜密而系统的计划方案。

二、销售人员要了解信息的价值

现代企业意识到要有效地销售产品或提供服务必须掌握电话、电子邮件、传真等所有可用的联系方式。可是，在提供多渠道支持系统的过程中，由于传统系统内在的不灵活性，许多企业和供应商对于目前的呼叫中心系统的尝试及实施均只是昙花一现。它可能会在短期内获得成效，但这种浅尝辄止的实施程度不仅会带来一个长期维护的问题，以及在运作上也会遇到多种困难。

问题的关键在于知道如何使用信息。向潜在客户或客户等类似的人提出恰当的问题，其发挥的作用是很大的。从告诉人们你和你的产品有多棒的层面上迈出越远，那么能够发现的机会也就越多。

三、销售人员要学会如何进行价格谈判

在应对客户限制型异议、与客户洽谈时，进行价格谈判是必不可少的，也是最难的。一些销售人员甚至视价格谈判为畏途，每到谈判价格时就要求领导支援、支持，或者往往以低于最低限价成交。这样的销售人员正处于瓶颈突破期，还不成熟。价格谈判是销售人员的必需工作，价格谈判也是有一定规律可循的。

首先，需要注意的是：价格并不是第一要素，产品能否满足客户需要才是最重要的。销售人员最忌讳的是不知道客户的具体需求就报价，这样报价的结果是陷入“价格怪圈”，为了做成订单被客户逼着不断降价。

其次，销售人员需要努力寻找可以使交易双方增加满意度的共识，也就是探寻客户对产品的认可程度，比如客户对产品的规格型号、技术配置、技术参数、工作效率、相同产品的实际使用效果等方面的认知度，如果客户对这些基本满意，进行价格谈判就比较容易了。

最后，要注意价格谈判的四个法则：

一是自己的预期结果（最低限价）要“保密”，要为自己留下谈判的空间，不要一口报出最低价；

二是尽可能提出“组合”价格，如融资租赁、按揭销售和分期销售等不同的差异价格，还可以在报价的基础上赠送客户保养配件和油品、免费送到工地（赠送短途运费）等优惠条件；

三是让步降价不要操之过急，否则让步降价就没有价值，在让步降价的同时还要得到客户的相应回报，如在交货的限期上客户是否可以缓几天；

四是真正让步降价只有两次（两次让价是许多成功销售人员的经验），只有再一再二，没有再三再四，因为客户不清楚最终底线，一味让步降价只能使客户产生更多的奢望，还会使客户怀疑“你到底赚了我多少钱?”

【销售精英实战指南】

第一，销售人员除要尽量满足客户的要求外，也要充分了解各种价格术语的真正内涵并认真选择，然后进行报价。

第二，如果这种限制型异议只是客户推脱购买的理由，那就要仔细分析投资回报并展示给客户。

第三，如果这种限制型异议是客户和竞争对手达成意向的“垫背”，那就要及早抽身，重新寻找意向客户。

第四，销售人员对投资回报进行缜密的研究、评估，以减少客户投资失误，增加客户利润（现金流）的流入。

第四章

原则与方法一样重要

—— 处理客户异议的 6 个原则策略

客户“异议”是销售人员在工作过程中导致客户不赞同、提出质疑或拒绝的言行，例如，你要去拜访客户，客户却说没有时间；你努力询问客户的需求，客户却隐藏其真正的动机；你向客户解说产品，客户却带着不以为然的表情……这些都属于“异议”的范畴。

销售新人对异议往往抱有负面看法，甚至对异议怀有挫折感与恐惧感。但是，对有经验的人员来说，他却能从另外角度来体会异议，并揭露出另外的含意。比如，从客户的异议中能判断客户是否真的有需求；从客户的异议中能了解到客户对你的接受程度，并迅速调整战术；从客户提出的异议中可以获得更多的信息。若想达到此理想效果，处理客户异议时必须遵循以下七个原则。

永远为客户保全"面子"

在我们工作中会遇到各种各样的问题和异议，但客户的意见无论是对是错、是深刻还是幼稚，我们都不能给对方留下轻视的感觉。我们要尊重顾客的意见，讲话时要面带笑容、正视顾客，在听对方讲话时要全神贯注，回答客户问话时语气不能生硬，给客户留足面子。

"你错了"、"连这你都不明白"、"你没明白我说的意思，我是说……"这样的表达方式看来抬高了自己，但是贬低了客户，挫伤了客户的自尊心。如果这样做，你可能会赢（证明你是对的），但是我们却会为此丢掉生意。所以，无论客户提出的问题有没有道理和事实依据，我们首先得表示出欢迎和尊重的姿态。

事实上，客户能当面提出反对的意见，本身就是一件令人鼓舞的事情，倘若客户有异议而藏在内心不说，这才真正对我们不利。

所以我们要直面问题，设法引导客户，鼓励他说出想法。让客户公开自己的不同意见，这样对我们才有好处，因为客户觉得他受到了重视，自尊得到了满足，我们也由此摸清了他的真实想法。

有位客人在离开酒店时把房内一条浴巾放在提箱准备带走，被服务员发现后报告给大堂经理。根据酒店规定，带走一条浴巾需向客人索赔50元。如何既不得罪客人，又能维护酒店利益，大堂经理思索着。大堂经理在总台收银处找到刚结完账的客人，礼貌地请他到一处不引人注意的地方说："先生，服务员在做房时发现您的房间少了一条浴巾。"言下之意是："你带走了一条浴巾已被我们发现了。"此时，客人和大堂经理都很清楚浴巾就在提箱内，客人秘而不宣，大堂经理也不加点破。客人面色有点紧张，但为了维护面子，他拒不承认带走了浴巾。为了照顾客人的面子，给客人一个台阶，大堂经理说："从前也有过一些客人说是浴巾不见了，但后来回忆起是放在床上，被毯子遮住了。您是否能上楼看看，浴巾可能压在毯子下。"这下客人理解了，拎着提箱上楼了，大堂经理在大堂恭候客人。客人从楼上下来，见了大堂经理，故做生气状："你们服务员检查太不仔细了，浴巾明明在沙发后面嘛!"这句话的潜台词是："我已经把浴巾拿出来了，就放在沙发后面。"大堂经理心里很高兴，但不露声色，很礼貌地说："对不起，先生，打扰您了，谢谢您的合作。"

小结：这是销售人员给客人留足面子的典型一例。客人拿走了浴巾，却不肯丢面子，若直截了当揭穿，就如"火上浇油"，客人会跳起来，会为维护自己的面子死不认账，问题就难以解决了。若以客人"对"为前提，有利于稳定局势，本例中的大堂经理，站在客人的立场上，维护他的尊严，把"错"留给酒店，巧妙地给客人下台阶的机会，既维护了客人的面子，又保住了酒店的利益，双方皆大欢喜。

在销售过程中处理客户异议时，我们要如何与客户沟通，给客户留足面子，需要做到以下几方面：

一、用微笑化解冰霜

俗话说："举手不打笑脸人。"微笑能够化解矛盾，取得意想不到的功效。"您好，很高兴为您服务！"每一位销售人员，都会以这句朴实、亲切的开头语，迎接每一位来咨询或投诉的客户。

销售人员是用愉悦的心情，还是用郁闷的态度与客户交流，客户一听就能感觉得出来。如何把销售人员的内在美传递给客户，这是需要细心琢磨的学问。对于每一位销售人员而言，微笑是一种形象、是一种境界，也是处理投诉的有效武器，更是一种责任。没有笑脸的服务是冷漠无情的服务；只有笑脸的服务是机械呆板的服务；而只有站在客户立场上，想客户之所想，急客户之所急，以真诚细致的服务、以微笑体贴的话语与客户达到某种心灵的契合，才是最佳的服务。

让客户在交流中顺畅地体验、感受销售人员的微笑，在微笑中传递价值，在微笑中体现价值，在微笑中实现"与客户共创成功"，这才是销售人员最高的服务境界。

二、必要时转移话题

若客户对某一细节争论不休，无法处理投诉时，有经验的销售人员会转移话题，或暂停讨论，以缓和紧张气氛，并寻找新的切入点或更合适的投诉处理时机。

蜻蜓点水式："你说的这个问题我清楚了。我上次听……说了。那你听说过……"

装聋作哑式：故意曲解客户说的某个词，借以转移话题。

横刀直入式："我很理解您的处境，我会尽快通知您处理结果，您等我们的通知好吗？"

三、避免投诉处理破裂

有经验的销售人员，不会让投诉处理完全破裂，他总会给客户留足面子，以待下次投诉处理达成协议。但是，销售人员须谨记：没有达成协议总比达成协议的要好，因为勉强达成的协议可能后患无穷。对于客户，你要不断地告诉他，你已经为他做了什么，让他感觉到你已经付出了很多。

在销售过程中，对于客户有建设性的或自认为聪明的意见和发言，如果采取否定的语气容易激怒客户，让他觉得好没面子，使销售难以进行，而且可能还会在你的背后下黑招。销售人员应尽量肯定客户，称赞客户，给客户留足面子。这样，客户也会愿意给你面子。

四、成为一个好的倾听者

一般而言，客户总会认为自己能言善辩。销售人员如果知道这一点，就应尽量让客户多讲，不管他说得是否正确，都要给客户留足面子。从他们的言谈举止中，销售人员可判断出他们的优势和缺点，也可以了解他们投诉处理的立场。

五、从客户的立场说话

很多人误以为当发现问题时，应赶尽杀绝，毫不让步。但事实证明，大部分问题都是在彼此和谐的气氛下才得到成功处理的，给客户留足面子，才可能达成交易。

在相同交涉条件上，如果站在客户的立场上去说明问题，往往更有说服力。因为客户会感觉到：达成“满意度”的前提是双方都能获得预期的利益，而且自己已经很有面子了。

【销售精英实战指南】

第一，处理客户异议时，不宜当众揭穿客人的谎言，避免客人难堪，恼羞成怒。

第二，先听取客人意见，然后再细致耐心地做疏导工作。

第三，对客人能够理解、支持，表示诚挚的谢意。

第四，要学会尊重客户的意见，讲话时要面带微笑、正视客户，在听对方讲话的时候要全神贯注，回答客户问题的时候语气不能生硬，给客户留足面子。

认同客户的感受

认同不等于赞同。赞同是同意对方的看法，而认同是认可对方的感受，了解对方的想法。销售人员要做的不是赞同而是认同。认同的作用是淡化冲突，提出双方需要共同面对的问题，以利于进一步解决异议。一个有效的认同方法是认同客户的感受，重复客户的反对意见，并将语气淡化。

通常我们会遇到这样的问题：

客户：我们研究了你们的建议书，这套员工保险计划花费太大了。

销售：对，我完全同意您的看法！花费实在是太大了。但是我们的服务却是一流的。

客户：而且实施起来很复杂，附加条件太多了。

销售：对，我完全同意您的看法！确实有点儿复杂……

认真倾听客户的意见，认同客户的感受，向客户解释他所表达的意思并请教客户我们的理解是否正确，都是向客户表明了你的真诚和对他的尊重。同时也给客户一个重申他没有表达清晰意图的机会。客户有情绪是完全有理由的，理应得到极大的重视和最迅速、合理的解决。所以你要让客户知道你非常理解他的心情，关心他的问题。

万事皆有情，人人难离一个情字，销售人员要注意捕捉、采集客人的情感信息，认同客户的感受，同喜同忧。

5月下旬，某公司在新装修的会馆的第二会议室开会。一位参会代表在使用卫生间时，自动冲洗阀门突然破裂，导致客人全身湿透。会议室领班小张一面向客人道歉，将客人带往洗衣房，一面通知维修。由于当天正值星期天，锅炉储备蒸汽不足，洗烘达不到效果，她边与有关部门联系，边找合体的衣裤让客人换上。正午休的洗衣员工也赶来帮忙。客人的衣、裤、皮鞋完全湿透了，但见领班小张与服务工程部师傅满脸歉意一直为他吹干衣服、裤子和鞋子，同时宾馆对突发事件及时处理，工作认真负责，客人的气顿时消了。

小结：就这件事情的性质来说，由于新装修的卫生间冲水阀出现故障，从而导致客人全身被淋湿。事发后工作人员在第一时间赶到现场，在客人最需要的时候付诸真情，工程部员工也赶到现场排故障，终于，一起投诉被温馨的服务化解了。如果事发后，工作人员没有在第一时间帮助客人解决问题，其结果必然导致客人投诉。由此可见，销售人员在做好规范服务的基础上，必须提供深入细致的个性化服务，在对客服务中真正做到“真心”、“热心”，许多纠纷是容易解决的。同时，销售人员应设身处地替客人着想，为客人提供舒适、安全的环境，避免不安全事故的发生。

在与客户面谈的过程中，客户异议通常表现为疑虑、误解和投诉等方面，销售人员要针对不同的异议做到有的放矢。为了让客户感觉我们是和他站在同一立场的，销售人员要学会认同客户的感受，采取积极的态度，重视客户的异议，这样有利于成功地解决异议。

一、消除客户疑虑

疑虑说明客户需要保证，需要有力的证据。所以销售人员要提供相关的资料，证明产品确如所说的那样能给予客户利益，满足其需求。需要注意的是，证明资料必须是相关的，也就是要针对客户所怀疑的特征和利益。

例如："借力法"就可很好地消除客户的疑虑。其基本做法是当客户提出疑虑时，销售人员则立刻回复："这正是我认为您要购买的理由！"也就是说，销售人员要立即将客户的反对意见直接转换成其必须购买的理由。如：客户："收入少，没有钱买保险。"销售人员："收入少才更需要购买保险，以获得保障"；客户："我这种身材，穿什么都不好看。"销售人员："身材不好才更需要修饰嘛。"

其实在日常生活中"借力法"经常被使用。例如朋友劝酒时，你说不会喝，朋友立刻会说："不会喝就更要多喝多练习嘛。"男生约女生时，女生推托心情不好不想去，男生立马会说："心情不好就更需要出去散散心！"同样销售中"借力法"也能处理客户通常并不十分坚持的异议，特别是一些借口，有利于销售人员能借处理异议而迅速地陈述他能带给客户的利益，消除客户的疑虑。但一些代表着重要需要的疑虑就不是简单的技巧就能解决的。如对产品性能、公司服务等方面的疑虑是需要确实证据来证明的。这时，提供案例或权威机构的认证就能有效地消除客户的疑虑。

二、克服与客户的误解

客户产生误解是由于其不了解你的产品和公司，或得不到正确的资料。在销售过程中，误解是很常见的。例如你没有问及或客户没有听到都可能产生误解。但问题的根本点是误解背后客户有需要。所以要澄清该需

要，并说明该需要。

通常，直接反驳很容易导致与客户争辩，销售人员应注意言辞委婉，认同客户的感受，避免和客户发生直接的言语对抗。

三、学会面对缺点

缺点的本质是在客户眼里你所提供的产品的特征和利益不能满足他的需要，并且在他看来这是事实。所以，处理缺点的基础是使客户从全面的角度去看待双方的合作，去看待你给客户带来的利益。世界上没有十全十美的产品，当客户提出的异议正是产品的不足时，销售人员应承认并欣然接受，表示认同客户的感受，强行争辩显然是不明智的做法，只会加深客户对你的不信任和反感。当客户表达缺点时，销售人员首先应该询问，站在客户的角度去认识和理解，使自己清楚缺点背后的原因和需要，然后用利益去影响客户。如针对客户的价格异议可以从“产品生命周期综合成本”的角度向其说明购买价格只是产品成本中的一小部分，如果你的产品使用和维护成本有优势，可以突出展现出来。

四、学会处理并认同投诉

投诉是客户在实际使用产品过程中遇到的困难和问题，其真实度较高。但分两种情况：对于由于客户理解有误或使用不当造成的问题，应诚恳详细地说明，并提供有力的证据证明责任所在，当客户情绪比较激动时，可以采用“是的……如果”的句法，用“是的”同意客户部分的意见，用“如果”来表达存在另一种情况的可能性；对于确为产品或服务本身存在的问题，则应积极道歉，勇于承担责任，给出切实可行的明确解决时间，并快速处理。

【销售精英实战指南】

第一，处理客户异议时，不宜当众揭穿客人的谎言，避免客户恼羞成怒。

第二，先听取客人意见，然后再细致耐心地做疏导工作。

第三，对客人能够理解、支持，表示诚挚的谢意。

第四，寻求客户的心理认同点，让客户感觉你与他站在同一立场。

第五，记住：认同别人的感受才有机会肯定自己。同意对方的谈话感受远比制服对方更具说服力。

把价值整合在一起，把价格拆分成小数

销售人员在还没有来得及向客户呈现商品的价值之前就报价是很危险的做法。正确的做法是，先摸清客户的需求和兴趣，然后根据客户的需求和兴趣做产品或服务的价值呈现，在让客户充分看到产品或服务能给自己带来的价值之后再报价。价值要加起来说，价格要分开来讲，因为价格永远不是销售的决定因素。

销售过程中，经常会遇到客户执意要知道价格的情况，这时如果直接告诉客户价格，客户就会以价格高来回绝你，那我们就要放弃吗？当然不能，你可以这样问他："先生，价格是你做决定时唯一要考虑的吗?"或者"你在这方面只在乎价钱的高低吗?"也可以这样问："先生，你难道只考虑价格的因素，而不在乎产品的质量、公司信誉和服务吗?"用这样的问题，可以使客户转移注意力，使其考虑其他的因素。

接下来你应马上说出你的产品能够吸引客户的利益点。销售时一定要谨记：避免过早地提出或者讨论价格问题。无论产品的价格多么公平合理，只要客户购买产品，他就要付出一定的经济牺牲。正是由于这个原因，起码应等客户对产品的价值有所认识后，你才能与他讨论价格问题。

某销售人员向一位企业经理销售一套销售培训课程。

销售人员：你好，王经理，我是财智精英营销策划公司的陈星宇，不知道您是否有兴趣了解一下让您在三个月内将公司业绩提升20%到30%的系统销售训练？

客户：费用怎么算？（这时如果直接告诉客户价格，客户就会以价格高来回绝你，所以，在客户还未全面了解产品的价值之前，不能告诉对方价格）

销售人员：王经理，对于您来说，培训达到效果才是最重要的，您说是吗？

客户：是的。

销售人员：如果我们的训练对您没有一点效果，即使免费对您来说也是一种损失，因为耽误了您宝贵的时间，您说是不是？

客户：没错。

销售人员：所以我希望能带些资料和您面谈，只需要10分钟的时间，明天您上午方便还是下午方便？

客户：那你就下午过来吧。

此案例中销售人员能在客户认可产品之前，婉转地避开谈论价格，使客户转移注意力，考虑其他的因素。价格本身并不能引起客户的购买欲望，只有使客户充分认识了产品的价值之后，才能激起他们强烈的购买欲望。客户的购买欲望越强烈，他们对价格问题的考虑就越少。销售人员在

商谈的时间顺序上，要尽量先谈产品价值，后谈价格。

价格具有相对性，往往客户越急需某种产品，他就越不计较价格；产品给客户带来的利益越大，客户考虑价格因素就越少。因此，要多谈产品的价值，少谈产品的价格。

一、明确价格与价值的关系

商品价格是商品的货币表现，由于受价值规律支配和其他因素影响，从某一次具体交换看，商品价格和价值往往是相脱离的；但从较长时间和整个社会的趋势看，商品价格仍然符合其价值。

因此，价格和价值是既相联系又有区别的两个概念。二者的关系可概括为：价值是价格的基础，价格是价值的表现形式。

价值决定价格，在不同社会形态里价格表现价值的情况是不一样的。在资本主义经济条件下，价值规律自发地起调节作用，价格更多地受市场供求关系影响；在社会主义市场经济条件下，商品的价格受价值规律的自发调节外，还受国家自觉运用价值规律进行宏观调控的约束。

二、永远把你的注意力放在客户能获得的利益上

做产品介绍时，永远把你的注意力放在客户能获得的利益上，而不应把注意力放在你能从客户身上获得什么利益。当你谈到产品价格时，应该先告诉客户你的产品有物超所值的地方，并把客户得到的所有利益加起来说。只要不断地强调你的产品的附加值，就会降低客户对价格的抗拒。

三、强化产品的价值塑造

强化产品的耐磨性、耐冲击性、容易打理等特性，深受消费者的喜欢，但是由于产品的工业化特点，在塑造其产品价值的方面，有一定的局限性，大部分消费者认为，工业化的产品价格都会相对比较低，其实这是一个错误的看法。同时，销售人员也会受这方面因素的影响，对自身的产品的价值塑造缺乏信心，为了便于销售人员掌握一套有效的价值塑造技巧，应通过以下几个方面进行总结，以供销售人员塑造价值，创造利益。

1. 知名品牌

品牌是大众消费者充分相信其产品的主要依据。例如，地板属于耐用消费品，属于消费者低关注度的产品，因此消费者在购买过程中，更多的是希望有品牌的支撑，这样有利于顾客的选择。

2. 材料保证

强化产品的材料是保证产品环保性和耐用性的关键，因此，在塑造产品价值的过程中，不可避免地要谈及产品的材质问题，好的品质才能决定好的价值，好的价值才能决定好的价格。因此在销售过程中，销售人员要充分塑造产品材质方面的优势，为塑造价值做准备。

3. 服务到位

由于产品本身的特点，销售过程结束，并不能代表着销售的结束，必须要有后续安装和服务的环节。因此，服务对于补充产品的价值方面都有着重要的作用，对于服务，可以从服务的专业性、及时性等方面来塑造产品的价值。

四、价格要分解

在讨论价格时，为了使客户感到很便宜，要把价格分解，将其分解到每一天的支出和带来的价值。将交易总额细分为许多的小数额，就会使客户比较容易买下来。如一套健康寝具3600元，可以使用10年，将报价单位缩小到每天1元，这是缩小了“数量”单位，每天只需1元就能换得一家的健康幸福，你说值不值得？等等。这样的报价会使客户感到物超所值，吸引力大，容易成交。

【销售精英实战指南】

第一，价格永远不是销售的决定因素。

第二，多谈产品的价值，少谈产品的价格。

第三，销售人员在商谈的时间顺序上，要尽量先谈产品价值，后谈价格。

第四，在让客户充分看到产品或服务能给自己带来的价值之后再报价。

第五，现代管理学之父德鲁克指出：客户购买和消费的绝不是产品，而是价值。营销的真正意义在于了解对客户来说，什么是有价值的，什么是客户关注的价值，怎样才能创造客户价值。

弱化负面成本

如何让客户产生愉快的体验，并且转移对负面成本的注意力呢？最有效的方法往往不是长驱直入地进攻，而是先退一步，把谈论的话题从销售转移到客户喜欢的内容上，然后再在愉快的客户体验中抓住销售的有利时机。俗话说“退一步海阔天空”，所有想要在销售领域做出一番成就的销售人员都应该懂得这个道理，学会让客户愉快地转移对负面成本的注意力。

以汽车销售为例，一辆20万的车和一辆30万的车，如果你向客户推荐30万的车，你需要做的是，说明两辆车的差距不仅是10万元，强调30万的车在售后服务、维修、车的配置、油耗、驾驶的舒适度上的优势。而20万的车在油耗、维修、配置及售后服务等方面的使用成本远远超过30万。

因此，买30万的车不仅实惠，而且能带来更高层次的享受，让客户充分认识产品的性价比。这样能将客户的注意力从价格上转移到产品的优势方面。

一位太太走进一家瓷砖专卖店，销售人员邓艳迎上去。

邓艳：太太，来选瓷砖呀？

顾客：嗯，随便转转。这款绿的，看上去清新淡雅，很有档次的样子。

邓艳：您真有眼光，这款“清溪流泉”在我们这卖得最好。

顾客：花色是不错，多少钱？

邓艳：原价248元一片，现在搞活动，可以打个八八折，218元，也就是个中档偏上的价格。

顾客：哇，这么贵。隔壁看上去花色差不多的才128元而已，砍砍价估计还能便宜点儿，你打完折还要比人家贵一半。

邓艳：是这样的，太太。我们这个218元是含着很多服务的。别的店送货是送到楼下，我们是送货上门。您知道的，请搬运工的话，一箱砖上一层楼要两块钱，您住几楼？七楼。一箱三片砖，这样的话每一片砖要摊5元。而且我们这款产品是送铺贴的，一片八百的砖铺贴费10元，加上水泥沙，至少得15元，跟我们合作了很多年的老师傅，技术很好，铺贴完之后还无条件把多余的砖和水泥沙退回来。选我们的砖，到时候您只要等着工程验收就行了；您要是买别的品牌，还要亲自去市场里买水泥和沙子，自己请师傅，还要时刻盯着怕他偷工减料铺不好，铺完以后多出来的砖和水泥沙还要自己处理，算算这个成本和时间精力，我们的产品价格并不贵。

顾客：那好吧，我就要这个吧。

由此案例可看出：让客户充分认识产品的性价比。这样不仅能够有效地处理客户异议，而且能将客户的注意力从价格上转移到产品的优势方面，从而使得交易成功。

销售员如何巧妙分散客户注意力，要讲究一些方式方法：

一、了解客户“喜欢”注意的问题

虽然人们一直在肯定销售人员的勤劳、辛苦和机敏，但是不可否认，很多人都不喜欢被销售人员打扰，甚至一些人将销售人员的拜访或电话联系称为“纠缠”，于是“难缠的销售员”往往成为销售工作者的一个“荣誉称号”。因为不喜欢被打扰，所以当销售人员拜访时，很多时候客户们都将注意力集中在“如何摆脱销售”或者“如何让这些销售人员赶快离开”上。在这种情形下，客户更关注自己眼下的时间、工作以及口袋里的钱，他们不希望自己的时间被“浪费”、工作被“耽误”，更不希望自己口袋里的钱流到销售人员那里。客户此时完全处于一种高度警惕和严密防范的状态当中，为了达到摆脱销售或者让销售人员赶快离开的目的，他们有时会想方设法地对销售人员所销售的产品或者销售人员本身百般挑剔，有时又会从自身需求或支付能力等方面寻找拒绝理由。

在接触客户的初期，无论客户拒绝购买的理由或表现如何，销售人员都应该对客户的内在心理加以充分了解。很多时候，正是因为不喜欢被打扰，或者对销售人员存有戒备心理，他们才会将注意力集中到自己有限的时间、等待完成的事情以及产品的缺点上，表现得缺乏耐心或者百般挑剔。

二、避免形成不愉快的气氛

当客户摆出一副拒绝接受销售的神态或者对所销售的产品及服务百般挑剔时，销售人员此前的一腔热情犹如瞬时遭遇到一盆冷水，此时，在一些销售人员看来，这类客户就属于“难缠的客户”。如此一来，不仅客户

在努力摆脱销售人员的“纠缠”，而且销售人员觉得客户刻意地在鸡蛋里挑骨头。双方都在心里产生了一种隔阂，这样的沟通注定会在不愉快中结束。

还有一些销售人员，他们的销售热情表现得要比上述销售人员更坚定持久，当来自客户的一盆冷水扑面而来时，他们会不予理会和计较。这是否就意味着他们能够让客户愉快地接受呢？事实证明，坚定的销售热情不一定就能销售成功。事情往往总是这样无奈：客户想方设法地努力防范，精心地在自己周围筑起一道“百毒不侵”的铜墙铁壁；而销售人员则千方百计地努力进攻，恨不得一下子就将产品的所有特点或优势传达给客户，以期获得客户的认同。结果却是销售人员越是表现得急切和热情，客户的防范心理就越严重，越对这种销售活动感到厌烦。于是，在反复的你守我攻中，一场不愉快的拉锯战由此形成。

因此，我们要提醒销售人员：为了避免形成不愉快的气氛，销售人员必须保证销售热情的持久性和坚定性，不要因为客户一时的冷淡和挑剔就产生消极情绪。除此之外，销售人员还要讲究化解不愉快沟通氛围的方式。不要企图一下子就打破客户精心筑起的铜墙铁壁，而应该首先想办法让客户产生愉快的体验，然后让客户在愉快的体验中将注意力从拒绝和排斥中转移到自身需求和产品优势上来。

【销售精英实战指南】

第一，了解并理解客户的防范心理，要在愉快的沟通气氛中转移他们的注意力，而不是被他们的拒绝和埋怨所左右。

第二，不要急切地表达你的销售意图，要从客户喜欢的话题入手。

第三，当客户的心情变得愉快时，他们的心理就会渐渐从警惕和防范转变为放松和接纳。

第四，退一步海阔天空，当直接销售达不到目的时，不妨考虑换一种方式，转移客户对负面成本的注意力。

运用奔驰原理，让客户专注产品

所谓奔驰原理，是指销售人员要从自己产品的优势出发，突出自己产品在设计、性能、声誉、服务等方面的优势，无形中给客户灌输“一分价钱一分货”的思想，把你的产品描述成客户心里的对象，说到客户的心里，要让客户觉得无论从哪方面讲，你的竞争对手的产品，都比不上你的。还要让他觉得，他不能错过你给他的这次机会，以此来让客户专注于产品本身而不是产品价格。

在销售过程中，如果你的产品是行业当中最好的产品，你可以对客户说：“我们的产品是很贵，因为它是奔驰，奔驰不可能卖桑塔纳的价格，你同意吗?”、“先生，我同意，我们的产品的确是市场上最贵的。因为只有一流的产品才会卖到最好的价位，你说是不是？越好的东西，越不便宜，太便宜的东西也好不到哪里去。要买就买最好的，最好的也是最便宜的，因为您第一次就做对了，您说是不是呢?”、“您有没有不花钱买过东西？有没有因为省钱买回的东西使用时又后悔的经验？您同不同意，一分钱一分货？我们没有办法给您最便宜的，但我们可以给您最合理的整体交易。”

销售人员在销售过程中要学会避开客户直面问及价格的问题，用一些反问的语气将客户的注意力从关注价格的问题转移到专注产品的性能特征上来，让客户了解产品的价值所在，以促成交易。

一个业务员去拜访某公司总经理，“吴总，我已经拜访过您好多次了，您对本公司的汽车性能也相当的认同，汽车的价格也相当的合理，您也听朋友夸赞过我们公司的售后服务。今天我们再次来拜访您，不是向您销售汽车，我知道总经理是销售界的前辈，我在您面前销售东西压力很大，大概表现得很差，请您本着爱护晚辈的心怀，给予指点，以便我早日改善。”总经理说：“你不错嘛，又很勤快，对汽车的性能了解得非常清楚，看你这么诚恳，我就坦白告诉你吧，这次我们要给公司的10位经理换车，当然新车一定要比他们现在的车子更高级，以激励他们的士气，但是价钱不能比现在的车子贵，否则我短期内宁可不换。”业务人员马上说：“报告总经理，您实在是一位好的经营者，购车也以激励士气为出发点，今天我又学到了新的东西。总经理我给您推荐的是由美国装配直接进口的车，成本偏高，因此价格不得不反应到成本，但我们公司月底将从墨西哥OEM进口同级车，成本很低，并且总经理又是一次购买10部，我一定能成功地说服公司尽可能地达到您的预算目标。”总经理说：“喔，的确很多美国车都是在墨西哥OEM生产，贵公司如果有这样的车的话，倒替我解决了换车的难题了。”

此案例中，销售人员在面对年龄和头衔都比他大的客户时，采取了哀兵策略，让客户放弃价格而专注产品，更多地倾向于他中意的产品。

销售人员要对客户的要求进行剖析，采用奔驰原理，将客户的注意力从只关心产品价格转移到产品质量、承诺的功能范围、系统可操作性，以及项目资料的规范性和齐全性等方面。

一、销售人员要明白产品质量的重要性

产品质量是企业生存和发展的根本，每位销售人员都有义务和责任提高产品质量，并牢固树立质量意识，严格控制和执行好产品的操作流程。要求领导和每位员工全身心地投入到产品质量管理中，把质量目标灌输到每个销售人员的心中。确保产品的整体质量主要从进料检验、生产过程、出厂检验、售后服务等方面去控制。

“你的需求，我们知道；你的追求，我们创造”，销售人员要有这样的信念。为了满足客户对质量的苛求，应做到“衣带渐宽终不悔，为伊消得人憔悴”。公司上下应全员参与，相互监督，共同为提高产品质量付出努力，只要我们心往一处想、劲往一处使，就一定会提高产品质量，就一定能实现目标。

二、谈到价格问题的时候，销售人员要有一定的应对措施

价格是商品价值的货币表现形式，它直接影响消费者心理感知和判断，是影响消费者购买意愿和购买数量的重要因素。有经验的销售人员都知道，价格问题谈得好就是成交的前兆，谈得不好就是销售失败的信号。那么当谈到价格问题的时候，销售人员该如何应对呢?

销售人员要明白，在销售过程中，不要急着谈价格。也许你会问，不急着和客户谈价格，那么应该谈什么呢?

1. 先价值，后价格

销售人员在向客户介绍产品的时候，要避免过早提出或讨论价格，应该等客户对产品的价值有了起码的认识后，再与其讨论价格。客户对产品的购买欲望越强烈，他对价格问题的考虑就越少。让客户认同产品价值最有效的方法就是做产品示范，俗话说：耳听为虚，眼见为实。任你再怎么

滔滔不绝地讲解都比不上让客户真真切切地看一遍产品展示来得实在。

2. 了解客户的购物经验

客户对产品价格的反应很大程度上来源于自己的购物经验。个人经验往往来自自身的接受程度所形成的对某种产品某个价位的知觉与判断。客户多次购买了某种价格高的商品回去使用后发现很好，就会不断强化“价高质高”的判断和认识。反之，当客户多次购买价格低的商品使用后发现不如意，就会增加“便宜没好货”的感知。

值得强调的是，在一对一个性化的销售过程中，销售人员完全有时间了解客户的购物经验，从而对客户能够接受的价位进行准确的判断。有个销售化妆品的销售人员，她的客户平时消费的产品价位都很高，认为高价位才是品质的保证和身份的象征，于是她总是毫不犹豫地向客户推荐自己销售的产品中比较高端的产品。

3. 模糊回答

有的销售人员问，如果客户非要首先问价格该怎么办呢？这时可以采用模糊回答的方法来转移客户的注意力。比如当客户问及价格时，销售人员可以说，“这取决于您选择哪种型号、那要看您有什么特殊要求”，或者告诉客户，“产品的价位有几种，从几百到上千的都有……”即使销售人员不得不马上答复客户的询价，也应该建设性地补充，“在考虑价格时，还要考虑这种产品的质量和使用寿命”。在做出答复后，销售人员应继续进行促销，不要让客户停留在对价格的思考上，而是要回到关于产品的问题上去。

【销售精英实战指南】

第一，把握客户的真正需求，进行诚恳的引导和解释，让客户充分认识产品的性价比，从而专注于产品。

第二，销售人员可以把产品与一些劣质的竞争产品放在一起示范，借以强调所销售产品的优点，并教客户辨别产品的真伪，经过一番示范比较，客户就价格所提出来的异议会马上消失。

第三，销售人员要经常收集同类产品的价格资料，以便进行比较，从而以事实说服客户。让客户知道我们的产品价格差异在于自己的优势，是别人无法比拟的，而且这些优势对客户来说至关重要。

第四，记住尼尔·雷克汉姆的话：人们买的是价值，或只是对价值的感觉，而不是价格。

降价一定要有附加条件

做买卖讨价还价很正常，但是生意和感情要分清楚，你的客户不止一个，你要考虑全局。所以还是先了解一下你的产品在市场上的客户定位和比对同档次产品的品牌影响、价位、质量、售后服务，因为客户提出要求肯定是有理由的。而产品的品牌影响、价位、质量、售后服务这些方面的优势就是你说服客户的理由。

有家公司是做系统的，有个长期的大客户，但是那个大客户要求公司降价，否则就不采纳公司的系统机器，但公司的政策几十年来都没变，面对这样的情况，是降价，还是不降？

首先，我们要明确降价需要有条件，在降价时一定要求客户出价，以找出差距采取相应措施。客户出价后一般都会解释原因，这时就要注意分析并根据不同情况采取不同的对策。

其次，报价议价的次数不要超过三次。频繁地降低降格会使客户愈议愈勇，恨不得挤干你所有的利润。注意降价的比率宜越来越小，这会使客户意识到已接近底价了。

降价要有要求，不要因为客户要求降价而降价，这样并不会增加客户对你的好感。降价的同时，可以提出立刻签约或预付货款等有利交易完成的要求。

为了保证上座率，A3冠军联赛的组织者采取了“有条件降价”的方式，以此吸引更多球迷进入虹口足球场。

“有条件降价”的对象是学生球迷。据悉，大学生球迷可以用20元买到票面价120元的球票。针对团体订票者，A3票务组也只收原来票价的一半。申花俱乐部利用这个机会，购买了300多张球票分发给蓝魔球迷和可汗球迷协会。票务组并没有明确对外宣布球票降价，负责本次球票推广的公司负责人表示：“我们买断票务承包花费了600多万元，如果降价，让我们还怎么活?”但事实上，比赛前的球票更加便宜。

不过，这种为了上座率而降价的做法，也伤害了一部分套票购买者的利益。上一场观看德比的蓝魔球迷，大多购买了324元的套票，如今球票“贬值”，他们心里很不好受。“我们是申花最忠实的支持者，所以花这么多钱买套票。现在球票一下子变得这么便宜，我们有种上当受骗的感觉!”一名球迷伤心地表示。

由此案例可以看出：降价是要讲条件的，一些产品的降价虽然会为消费者带来一些负面影响，但是有条件的降价还是可以为企业带来更多利润，进而刺激客户消费。

销售人员在销售过程中尽量不要降低价格，而要为商品增加价值，让客户觉得购买你的商品是物超所值的，比如强调产品的优点和可以为客户带来利益、附赠一些其他商品或增值服务等，这样既不损失利润又保证了商品的价值。但对于有明显降价空间的商品而言，一点价格也不让会使客户很不甘心，这时可以稍微降低价格，让客户获得心理平衡。但要让客户感觉降价费了很大的力气，而且降价幅度也要很小，因为，人们往往觉得越不容易得到的东西越珍贵，得到后才会珍惜，反之亦然。

但是降价要有条件，是否降价取决于以下几个因素：

一、你目前的价格是不是包含超额利润

所谓超额利润是指高于市场上同类产品的一般利润水平，如果是则必须降，以降到与正常利润水平持平为好。否则反映的是你或者你公司的诚信问题，价格欺诈是客户无法认同的。

二、如果价格已经比较合理，客户还是关注价格

当销售价格已经比较合理，但对方对价格敏感时，则需分析一下对方对产品质量、价格、服务等方面的看重程度，如果对方对质量以及服务的要求偏低，而只关注价格，那可以考虑放弃这个客户，否则，将面临的是无休止的降价。如果价格只是其关注的一个方面，性价比会是个参考指标，你可以将公司的产品性价比与竞争对手做个比较，数据往往是比较有说服力的，空洞的表白就没什么必要了。

三、了解对手的产品价格，分析产品成本

如果竞争对手能以比你低得多的价格生产出和你的产品质量差不多的产品，那么你应该考虑自己产品的成本是否合理了，看是不是存在管理漏洞或者原料采购问题，或者是生产工艺跟不上潮流。

对待客户杀价一般要注意两点：一，看谁杀；二，其杀价的原因是什么。弄清客户要求降价的原因，可采取相应的对应方法：

1. 消去法

你可以这样回答客户：说真的，这些年来我学到一件事，即人们花钱消费不外追求三件事，那就是最好的质量、最棒的服务和最少的支出。可

是同时我也发现没有一家公司可以同时提供这三样，质量好、服务佳，收费自然就不可能最低，因此为能让你可以长久快乐地使用，这三者中你觉得最可以牺牲的是哪一个？好品质，绝佳的服务，还是低价？当然你有可能遇到价格至上的消费者，如果价格低到你实在无法接受时，也要记得保持风度地退出，并与客户保持联系。因为时间终会证明多花一点钱而取得的质量与服务绝对值得，届时他必会再成为你的客户。

2. 间接比较法

间接比较法有时又称为价格分割法，保险业及房屋销售业最喜欢使用此种方法，如：你一个月花在娱乐休闲上的费用不知如何？依我看，平均一个月你只要少看一部电影、少吃一顿饭、少买一件衣服，就可以拥有一个价值几百万的终身寿险和医疗险、癌症险，而且平均一个月不过缴几千元，一天还不到一百元……

【销售精英实战指南】

第一，先看公司整体战略，不直接降价，采用变通的方式。

第二，由客户的承受能力来决定降价条件，要视情况而定。

第三，永远记得客户取得利润是首选。

第四，善于运用“成本价值法”，即产品能够为客户改善工作效率、增加产量、降低商品或服务的成本。它能够发挥极强的说服力。

第五，记住：谈判的一个重要法则就是“什么条件都可以谈，但谈什么都要有条件”，价格谈判也是如此。

第五章

关键时刻要出手

——解决客户异议的5个时机策略

一个优秀的销售人员不仅能对客户的异议给予一个比较圆满的答复，而且善于选择恰当的时机处理客户异议。懂得在何时回答客户异议的销售人员会取得更大的成绩。需要指出的是，绝大多数异议需要立即回答，这既是促使客户购买的需要，也是对客户尊重的需要，因此销售人员要把握好处理客户异议的黄金时机。

抓住先机：异议未提出前拿出解决方案

察言观色是一切人情往来中操纵自如的基本技术。不会察言观色，等于不知风向便去转动舵柄，弄不好还会在小风浪中翻了船。在销售中，更要学会察言观色。当客户表示他对某个产品有极大兴趣时，就是促成交易的良好时机。所以销售人员必须及时把握客户的问题，当客户讨价还价和对产品提出异议时，都表示准客户对你的产品产生了兴趣。因此提前准备好解决方案就显得尤为重要。

在销售过程中经常会遇到这样的情况，客户对产品只是粗略了解，并不表现出强烈的兴趣。此刻客户在看产品时其面部表情的变化，就显得尤为重要。

实际上，客户会表现出抬肩、握拳、两手交叉抱胸、摇头、再一次拿起目录很仔细地看、放开手心、伸出手指等表情动作，虽然客户并未提出异议，但其发出的信号会给我们很大的提示，因此，我们要准备好所有的解决方案，以应对各种异议。

把客户的异议扼杀在萌芽状态，是处理异议最高明的做法。当你觉察到客户会提出某种异议时，最好能在客户提出之前，就主动提出来并给予解释，这样我们可以争取到主动的位置，先发制人，从而避免因纠正客户看法，或反驳客户的意见而引起不快。

这是发生在诺基亚专卖店里的案例。

销售人员：您好，选手机吗？

客户：嗯。

销售人员：您喜欢什么样的？

客户：我先看看。

该客户将柜台内外所有的手机都看了一遍。

销售人员：您想好了吗？

客户：我再看看。

此刻销售人员发现该客户在两部机子之间徘徊，立刻对这两部机子进行了讲解，并且比较其外观性能等方面的诸多问题，并对购买给出个人的建议，该客户听了讲解之后，居然对其中一款机子产生了更大的兴趣，要求了解更多信息。

从上述案例不难看出，察言观色，在客户未提出异议之前就对其所需进行推测，并准备好各种异议方案是销售人员必须掌握并做到的，这样才有可能抓住时机取得成功。

作为一名销售人员，察言观色是必备的能力，在各个行业中，要想做好每个服务工作，销售人员就应该要自觉地提升察言观色的能力，为我们的服务工作做好前提条件。那么销售人员应该如何做好察言观色呢？

一、关注客户的言行举止，以便掌握客户情绪

销售人员察言观色的第一步就是要观察客户的言行举止。因为我们是根据客户的言行来对其进行了解的。很多时候由于销售人员的观察能力较弱，没有注意到客户的情绪不稳定，导致与客户产生冲突，影响了客我之间的紧密关系。所以销售人员要紧密关注客户的言行举止，保证客户认真接受我们的服务，避免与客户发生冲突。

二、保持冷静态度，摸索客户的心态

有时销售人员在与客户交谈中，由于观察不够深入或者无法摸清客户的心态，使得销售人员的情绪受到波动，这时很容易与客户发生口角。为此，销售人员一定要保持冷静的态度处理每项服务。只有销售人员保持了一个冷静的思维，才能清楚地摸索到客户的心态，从而判定是否适合进行服务工作。所以销售人员一定要稳定自己的情绪，不要受到客户的影响，否则只会火上加油，使服务工作无法进行。

三、深思客户的思路，以便及时做好调整

销售人员在做每一项服务时，只有做好深思，才会使工作顺利进行。在很多时候，我们从客户的言语中判定到他们的一套不成熟的经营思路。如果没有按照客户的思路进行观察，而只会强制地让客户根据销售者的思路进行调整，就让客户觉得是在强迫他们，从而双方就会发生冲突。为此销售人员应该通过观察来深思客户的思路，从而对客户的思路进行修补和调整。

总之，销售人员在做每一项服务之前，一定要先对客户进行观察，判定服务时机是否合适。察言观色对销售人员实施工作至关重要。

【销售精英实战指南】

第一，销售人员作为一线营销人员，最接近客户，学会察言观色是必不可少的一项能力。

第二，直觉虽然敏感却容易受人蒙蔽，懂得如何推理和判断才是更重要的能力。

第三，言辞能透露一个人的品格，表情眼神能让我们窥测他人内心，衣着、坐姿、手势也会在毫无知觉之中出卖它们的主人。因此善听弦外之音是“察言”的关键。

第四，了解客户需求后，要确定目标，比较分析，才能促成销售。

找准切入点：在犹豫不决时找出决策者

要有效消除客户异议，不但要讲究一定的技巧，还需要把握好时机，在会谈前多搜集资料和做好准备，以消除客户情感和逻辑上的疑惑点。在客户犹豫不决时，找出决策者尤为重要。

顾客通常会说："我想考虑一些时候再答复你"，这时，销售员应肯定地提出具体时间："若你想在2月前需要这个产品……"然后将顾客决策的标准简单地归总一番，并使他对这些标准表示同意，以免顾客日后再改变主意。

要找出谁是决策者："你是否能单独做出决策或者需要董事会通过?"这样可避免顾客日后说："我一定要将我的建议提交董事会决定"。当然，即使要经董事会批准，销售员也可要求对方签署临时订单，但需要找出决策者。

当客户犹豫不决时，及时找出决策者，是通往成功的必然之举。

王先生是某专卖店的销售部门工作人员，某天前去拜访客户。

王先生：您好，张总，今天特意前来介绍我公司新产品，希望您会感兴趣。

张总：您好，简单介绍一下产品吧，我先了解一下。

王先生：好的……

张总：该产品性能比之前的一款要好一点，是吧？

王先生：是的，这是新研发出的新产品。性能相对要好很多，前景也不错。

张总：那这样吧，我再考虑一下，过些时候再答复你，你看怎么样？

王先生：如果你想在5月之前需要这款新产品，那么……

张总：好的，没问题。

王先生：对了，顺便问一下，您是否能单独作出决策或者需要董事会通过？

张总：我自己就能决定了……

从上述案例中，不难看出王先生在面对客户时头脑清醒，在客户对产品表现出强烈兴趣之后，抓住时机，继续谈销售的问题，在这个过程中明确对方需要产品的时间，将原本犹豫不定的事情确定下来，从而为成功交易奠定基础。为了避免日后决策出问题，王先生主动了解了决策者的信息，这是成功的必然之举。

一个优秀的销售人员，除了要抓住黄金时机去处理异议，还要在销售的过程中抓住客户心理，当客户对产品犹豫不决时，要想办法刺激他做出决定，并使得客户确定使用产品的日期。如果客户提出考虑一段时间再答复，那么销售人员一定要将最终的决策者找出来，做到心中有数，以免日后客户推辞。

一、善于观察，学会聆听

在与客户谈单时，一定要多观察，通过对客户止止表情的观察，及时了解客户的心理变化，把障碍消灭在萌芽状态；通过聆听可了解客户的真正需要，这样就容易与客户达成共识。

二、机不可失，失不再来

在与客户谈单时，因为你的介绍已经引起了客户的欲望，这时就应使用假设成交法，把合同及附件拿出，一边和客户聊一些和签单无关的事，一边把合同和附表填好让其签字盖章。

三、抓住客户的弱点，临门一脚

在与客户谈单时，客户只要说网站肯定做，但再比较一下，你回去等我的电话。这时一定不要等，应抓住客户的弱点，先奉承再逼单：老板我绝对相信您肯定要做网站，既然要做，肯定要注册域名，域名在哪儿注册都一样，使用权、知识产权都属于您，即使您以后不想和我们合作，域名还是您的，但是国际域名平均每30秒注册一个，为保护您公司的利益，还是先把域名注上吧。

四、把自己当债主

谈单时一定要有气势，把自己当做债主，有一种不达目的誓不罢休的姿态，抓住客户的心理，随机应变。

(1) 假定客户已同意签约，当客户一再出现购买信号却犹豫不决时，可采用这个技巧，使对方按你的思维做决断。如：顾客对互联网了解不多，但又觉得上网应该对公司有好处，而不知做多少网页时，营销代表可以对客户说："（某某）总，您看是做8页，先暂时将您的网站建立起来，再视效果增加网页数，或者一次性将您的网站建得全面一些，要做就做最好的嘛，反正也没多少钱！您看呢?"这样客户就会被引入到你的思维中，不是考虑做不做，而是考虑怎么做，实际上就是同意做了。使商谈在这种二选一的商讨中达成协议。

（2）帮助客户挑选一些客户即使有意做，也不喜欢迅速签下单，而是在域名的选择、网页的套数、空间的大小等问题上打转。这时，商务代表要审时度势，解除客户的疑虑，而不要急于谈订单的问题。如：客户的域名已被注册，则帮助客户选择较好的周边域名，并设身处地为客户着想，一旦域名和网页数定了，签单的时候也就到了。

（3）欲擒故纵，有些客户天生优柔寡断，虽然对你的服务有兴趣，可是拖拖拉拉，迟迟不做出决定。这时，你不妨故意收拾东西，做出要告辞的样子。这种举止有时会促使对方下定决心，但是在竞争比较激烈的情况下，可不能真离开客户，即使离开了，也要马上又联系，以免被人钻了空子。

（4）拜师学艺，即使你费尽口舌，使出各种方法却都无效，眼看这笔交易做出成，不妨试试这个方法。如："（某某）总，虽然我知道上网对您公司很重要，可能我的能力很差，没办法说服您，我认输了。不过在认输之前，请您指出我的错误，让我有个提高的机会?"像这种谦卑的话语，不但很容易满足对方的虚荣心，而且会解除彼此对抗的态度。他可能会一边指正你，一边鼓励你，说不定会带来签约的机会。

【销售精英实战指南】

第一，当客户犹豫不决时，充分了解客户需求，适当对其进行刺激。

第二，美国商人辛迪说："在销售过程中，能否准确掌握真正的购买决定者，是成交的一个关键。如果条件允许，就要事先做好调查；如果时间紧迫，就要从对方的言行举止中仔细观察、揣摩，以便少走弯路。"

把握关键时刻：在客户特殊情况时你来解决

认为顾客的需求不是一般性的，不要让顾客说：“我的情况特殊，你未必能完全了解。”否则，你便无法向顾客证实你对他了解的情况。这时，唯一能使用的销售术语是：“当然，没有两家公司是一样的。”

在产品销售过程中，有的顾客会提出“我的情况特殊，你未必完全了解”，这样的话对销售人员来说是不利的，因为也许你一时无法再顺利进行产品的销售。因此销售人员在见客户时，一定要了解清楚客户的情况及需求，尽量避免客户说那样的话。一旦客户说出了这样的话，唯一能使用的销售术语是：“当然，没有两家公司是一样的情况。”这样灵活的回答会让对方认为你也许有办法能解决他的特殊情况。

在实际的销售过程中，销售人员一定要有自信，能够让客户看到你有实力帮到他，有实力与他合作。让对方安心，才有可能在实际操作过程中放心。要灵活地回答客户的问题，取得对方的信任。

“王总，我公司近期研发了新产品，该产品很适合你公司”

“哦，那你先介绍一下吧，我简单了解一下”

“……”

“听起来不错，但是……你也知道我们公司的要求一向比较高”

“是的，我们了解这一点，正是因为贵公司的高要求，我们才推荐这样高质量的产品”

“但是，我们的情况比较特殊，你恐怕不能完全了解”

“呵呵，我相信没有那两家公司的情况是一致的，呵呵……”

“那好吧，我先考虑一下，你把产品的具体信息……”

从上述案例中，我们了解到销售人员在销售过程中，充分展示了自己的产品，并且在谈判时，语言得当，最终促成交易。这一切都源于谈判前的充分准备，正所谓“知己知彼，百战不殆”因此，销售人员在销售前务必摸清对方的要求及特殊情况，针对特殊情况，给予特殊的讲解，吸引客户，并取得对方的信任，促成交易。

在销售产品的过程中，一定要懂得站在顾客的角度考虑问题，只有这样你才会更多地了解顾客的需求，才有可能成功。

整体来说，针对个别客户的特殊情况，要让客户知道我们可以解决：

一、针对货源紧缺

有效货源不足，不能满足需要。一要向客户宣传公司有效货源的分配原则，以求得客户最大程度上的理解；二要向客户宣传推介公司着力培育的新品牌，建议客户引进这些新品牌来满足市场的需求，并向客户宣传引进培育品牌可对其带来的好处；三要公开、透明地进行客户分类、诚信等级评定，赢得客户的理解与支持，时刻树立自己诚信公平的形象。

当出现缺货时，可以通过加速发货或者安排合适的替代产品的方式来维持与客户的良好关系。为了找出引起缺货问题的环节，应当根据产品和客户来对缺货情况进行登记。

二、针对合作暨回款方式

部分零售户对公司推出的回款方式持抵制态度，比如感觉结算方式操作麻烦，这就要求销售人员要做好耐心细致的宣传和说服工作，打消客户的顾虑和担心。

三、针对折扣问题

客户一再要求折让，原因可能有以下几点：①知道先前的客户成交有折扣。②销售人员讨好客户，暗示有折扣。③客户有打折习惯。所以销售人员要提出解决方案：①立场坚定，坚持产品品质，坚持价格的合理性。②价格拟定预留足够的还价空间，并设立几重的折扣空间，由销售现场经理和各等级人员分级把关。③预留大部分折让空间，由一线销售人员掌握，但应注意逐渐退让，让客户知道还价不易，以防无休止还价。④为成交而暗示折扣，应掌握分寸，切忌客户无具体行动，而自己则一泻千里。⑤若客户确有困难或诚意，应主动提出合理的折扣。⑥定金收取越多越好，以便掌握价格谈判主动权。⑦关照享有折扣的客户，因为具体情况不同，所享折扣勿大肆宣传。

客户发现客户间折让不同，原因可能有以下几点：①客户是亲朋好友或关系客户。②不同的销售阶段，有不同的折让策略。销售人员要提出解决方案：①内部协调统一折扣给予的原则，特殊客户的折扣统一说词。②给客户的报价和价目表，应说明有效时间。③尽可能了解客户所提异议的具体理由，尽量满足合理的要求。④如不能满足客户要求时，应耐心解释为何有不同的折让，敬请谅解。⑤态度要坚定，但口气要婉转。

四、针对产品销路

提供相关的证据或其他商店成功的案例，特别是客户感兴趣的证据，争取客户能理解这些做法，并切实地为客户解决经营中的实际困难，做好客户参谋，为客户解除后顾之忧。

五、针对产品质量

首先要判断客户所说的话是否属实，如果不是事实，帮助客户弄清楚事实；如果是事实，应当进行调查研究，了解真实情况，进行相应的了解和解释。

总之，在面对客户的特殊情况时，销售人员要善于分析，并尽量给顾客满意的答复。要懂得与顾客交流，在言谈中发现顾客选择或者不选择的真正动机，掌握了动机才能有方向地做好销售。

【销售精英实战指南】

第一，正确理解客户所谓的特殊情况的意思，从客户切身利益出发，制订解决方案，让客户感到我们在尽心尽力地为他服务。

第二，态度决定一切。当客户的要求苛刻时，销售人员一方面要积极热情，同时要灵活处理。

第三，学会采用“证实提问法”对客户提出的一些特殊问题进行提问，对方答完这些问题之后会更加感兴趣，而且愿意继续深入下去，你所提出的这些问题其实是要找寻顾客的购买信号。

挺过尖峰时刻：竞争产品出现针对其弱势销售

一个开放的市场必然存在很多竞争产品，顾客做出怎样的选择，与销售人员的销售技巧存在很大的联系。那么如何在众多的竞争产品中脱颖而出呢？不要提他但针对他的缺点销售。

在产品销售过程中，顾客有时会提出："这东西质量不好。""这产品的质量怎么这么糟糕？跟某某产品比起来差远了。"、"价格比去年高多了，怎么涨幅这么高，某某产品就没这么贵。"

面对顾客的种种抱怨与不满，营业员在处理异议的过程中要掌握一定的技巧和时机。比如上文中提到的问题，营业员可以从容地告诉他："这种产品的质量的确有问题，所以我们才削价处理。不但价格优惠很多，而且公司还确保这种产品的质量不会影响您的使用效果。"这样一来，既打消了顾客的疑虑，又以价格优势激励顾客购买。而后者营业员可以这样说："是啊，价格比起前一年确实高了一些。"然后再等顾客的下文。面对竞争产品，在销售过程中要针对其缺点进行销售，通过对比，让顾客了解到产品的优势，在心理上满足顾客的需求。

上述营销方法侧重于心理上对顾客的补偿，以使顾客获得心理平衡。假如顾客的反对意见的确切中了产品或公司所提供的服务中的缺陷，千万不可以回避或直接否定。明智的营销方法是承认有关缺点，然后淡化处理，利用产品的优点来补偿甚至抵消这些缺点。这样有利于使顾客的心理达到一定程度的平衡，有利于使顾客作出购买决策。

客户："你们的保险太贵了。"

营销员："您说的贵指的是什么？"

客户："同样是50万的保险，某某公司只要8000元。"

营销员："原来是这样。那么，如果低于8000元，也能买到50万的保障，您就会买吗？"

客户："是的。"

营销员："我们公司有一个险种，只要850元就可以买到50万的保险，您是否了解？"

客户："哪有这么便宜的事？"

营销员："这就是我从事保险的原因。在进入保险公司之前，我一直以为便宜就是好的，可是就像汽车，奥拓和奔驰车就是不一样，险种不同，保障的范围和功用当然也不一样，费用也自然有差别。"

营销员："现在就让我们一起来看一看您的保障吧！"

这个案例中，营销员在处理客户的异议时，不是马上进行辩驳，而是首先通过询问，弄明白客户的真实想法，然后通过比较奥拓和奔驰车，阐

明了不同价格所享受的保障和服务是不同的道理，从而让客户淡化保费“贵”的概念。接着，话锋一转，将客户的思维和关注的焦点拉回到产品建议上来，整个异议处理得不露痕迹。

面对两家以上的产品，顾客可有四种选择：一是什么也不做；二是将金钱花费在其他物品上；三是购买对手的产品；四是购买你的产品。

怎样引导顾客做出第四种选择呢？使用以下肯定语句的手法，令顾客同意你的销售观点：“使用新产品、你能做这样、那样——对你自己和公司都有好处——你一定要买这个产品，是吗？”来说服顾客第一种和第二种选择。这时一定不要提及竞争者的产品，以免给它免费宣传。

总之，在处理顾客对有关竞争者产品的异议时，要做到以下几点：

一、知己知彼，实现产品差异化

一般来说，企业可在产品形象、信息传递、包装商标、分销渠道、定价、服务、人员、企业形象等方面实行差异化战略。

（1）通过产品质量形象化实现产品差异化，消费品的购买基本上都属于非专家购买。因此，通过产品质量形象化十分有助于实现产品差异化。

（2）通过信息传递和广告运作实现产品差异化。企业可以通过声音、图像、文字等信息符号或报纸、杂志、广播、电视等各种信息传递工具，将有关产品特征的信息传递到目标顾客中，让他们认识自己产品的差异，熟悉产品的特色，从而在市场上树立与众不同的形象。

（3）利用商标、品牌、包装、外形和颜色实现产品差异化。商标是产品质量、声誉、特性及其效用的象征，名牌商标显示产品的优质，大众商标显示其实用价值，产品的质量与特色同商标的信誉与知名度紧密相连。而与众不同强调人性化的包装、外形和颜色也同样能收到吸引消费者眼球的效果。

（4）产品销售服务差异化。当实体产品与竞争产品不易区分时，竞争制胜的关键往往取决于服务。别具一格的服务，不仅给企业带来更多的顾客、广阔的市场和可观的利润，而且对树立企业的形象，建立产品信誉都起到重要的作用。

二、不要提及对手的名字，不贬低对手

有可能客户与对手有某些渊源，如现在正使用对手的产品，他的朋友正在使用，或他认为对手的产品不错，你贬低对手就等于说他没眼光、正在犯错误，他就会立即反感。

千万不要随便贬低你的竞争对手，特别是对手的市场份额或销售不错时，因为对方如果真的做得不好，又如何能成为你的竞争对手呢？你不切实际地贬低竞争对手，只会让顾客觉得你不可信赖。一说到对手你就说别人不好，客户会认为你心虚或品德有问题。

三、针对对手的弱点来销售

针对对手的弱点来销售，也就是把自己的独特卖点彰显出来。所谓独特卖点是指只有我们自己有而竞争对手不具备的独特优势，正如每个人都有独特的个性一样，任何一种产品也都有自己的独特卖点，在介绍产品时突出并强调这些独特卖点的重要性，能为销售成功增加不少胜算。

【销售精英实战指南】

第一，俗话说：知己知彼，百战不殆。销售中同样适用。

第二，面对竞争对手，切记不能攻击对方，也不能贬低对方，以免客户认为你心虚或品德有问题。

第三，针对竞争产品的弱点来销售，用产品差异化来说明自己产品的独特卖点。

第四，让顾客了解自己产品的优势，取得客户的支持、信任和理解至关重要。

锁定购买时记得，购买时机可以由你创造

人的欲望是无止境的，消费者的需求是经常变化的，于是市场潜力也是可以不断发掘的。随着社会经济的不断发展，市场经济的不断完善，尤其是中国加入了WTO后，国内外产品在我国同一市场上竞争得非常激烈，在供大于求的状况下，可供消费者选择的商品种类繁多，为了让客户购买我们的产品，销售人员只有更好地把握消费者的心理，才能在市场营销中掌握一定主动权，适时开发引领适应消费者需求的产品。

一般的销售人员通常滔滔不绝讲完一大堆之后，就用陈述句结尾了，这时客户的表现通常是“好，我知道了，改天再聊吧”或“我考虑一下再说”等。如果你在陈述完后紧接着问：“您觉得如何呢?”或“关于这一点，我说清楚了吗?”效果会好很多，客户至少不会冷冰冰地拒绝你，因为提问给了客户阐述其想法的机会。这时，销售人员容易不注意利用沉默和停顿，看到客户半天没反应，就轻易妥协："这样吧，×经理，您是不是对我们的价格不满意，这个好商量。"或者开始自问："您对我们的产品还有什么需要进一步了解的吗?"客户的回应实质上是一种信息反馈，也是客户心理需求的体现。

在销售沟通中，不同的客户在消费时态度不同。在购买时机不对时，销售人员要学会开发客户心理需求，针对不同的客户采取不同的方式方法，最终促成购买。

某办公用品销售人员到某办公室去销售碎纸机。办公室主任在听完产品介绍后摆弄起样机，自言自语道："东西倒挺合适，只是办公室这些年轻人毛手毛脚的，只怕没用两天就坏了。"销售人员一听，马上接着说："这样好了，明天我把货运来的时候，顺便把碎纸机的使用方法和注意事项给大家讲讲，这是我的名片，如果使用中出现故障，请随时与我联系，我们负责维修。主任，如果没有其他问题，我们就这么定了?"

此案例中，销售人员能够洞察出客户真正的心理需求，反应灵活，既解决了客户担忧的心理需求，又成功地说服了客户，让客户无话反击，能够把握处理客户异议的黄金时机。

客户的行为是市场营销的前导，只有把握客户的需要、动机、个性等内在心理因素，掌握他们在购买决策过程以及影响消费行为的外在因素，才能充分了解客户及其行为，从而保证交易的成功。

一、要了解客户主要的消费行为方式

1. 理性化消费

在个人经济条件允许的情况下，理性客户通常在购买前已确定自己要买的商品，并对同价位或同品牌的商品进行了解和对比，所以在购物时就有一定的选择目标。而对昂贵、风险度较高的商品，客户往往会比较商品的细微差异，进行理智的选择和购买。因此，销售人员要根据客户的需求

和特点，实施有针对性的市场营销策略。

2. 个性化消费

随着经济的发展，物质需求的不断满足，对客户而言消费与否，取决于人的精神需求和个人追求。个人意识与自我追求的不断完善，加上消费需求变化大、速度快，多元化、个性化发展的消费趋势更加显著。

二、要正确分析和认识客户的购买动机

客户是市场的主体，对客户的购买动机进行分析，是为了适应客户的需求，是发展市场的基础。所谓正确分析是指客户购买动机是多种多样的，销售人员必须在市场调查的基础上，从心理学的观点对他们的购买动机进行分析研究。消费心理学认为：顾客的购买动机有感情动机、理智动机和惠顾动机之分。感情动机又分情绪动机和情感动机，情绪动机具有冲动性，即不确定性和不稳定性；情感动机是客户精神风貌的反映，具有稳定性。理智动机是对商品进行了解、分析、比较后产生的，具有客观性、周密性。惠顾动机是顾客对特定的商店、厂家或品牌特殊的信任和偏好，它是感情动机与理智动机两者结合的产物。

三、迎合客户的心理策略

（1）顺潮术。比如最近电视上经常看到的一个广告，就是要到韩国去给中国足球队加油的促销广告，这就是顺势销售，叫做顺潮术。

（2）激将术。激发客户来购买，这也是一种迎合心理的策略。

（3）背逆术。比如一些商品的名字：傻瓜相机、傻子瓜子，这就是背逆术的一种。

（4）利用术。有些商家会利用一些方法，就是你买我们的东西，我们给你积分卡，当你累计到一定的分数时就可以换赠品或者买其他的产品，这就是利用术。

（5）匮乏术。让客户感觉到这种商品很少，需要订货才有，你必须订货。因为客户在购买的前提下，既害怕失去又渴望拥有。当你在做产品说明或展示解说时，顾客感觉很不错，你可以用这个东西，但它是需要定做的，或这个产品需要几个月才送到，让他感觉到想马上得到并不是那么简单，这就是匮乏术。

（6）馈赠术。有很多商家会用买二送一、买三送一的方法来促销，这就是馈赠术。

（7）折扣术。就是你用多少价格买到的产品，你会得到多少折扣。

（8）票券术。就是你买我们的东西，就送你优惠券，使客户产生一种购买的心理。

（9）错觉术。利用一些人爱贪小便宜的心理来使人产生一种只要你来买我们的商品就可以从中占到小便宜的错觉。

（10）刺激术。就是促销广告的吸引，现在不买就没有机会了，这样的方法叫做刺激术。

【销售精英实战指南】

第一，充分了解客户心理，积极引导客户了解产品。

第二，掌握谈判的进程，要遵循客户的心理需求，认识、兴趣、了解决定了心理需求过程。

第三，销售人员为了留住客户，一定要为客户打造一个专属平台，这个平台主要是为他们提供客户的资源、拓展客户的渠道，挖掘客户的心理需求。

第四，常做换位思考，如果我是客户我会怎么办？先说服自己，再说服对方。

第五，记住：一流的销售人员必须善于挖掘客户的购买潜力。

第六章

经典总是有效的

——解决常见异议的9个经典策略

很多新销售人员一旦面对有异议的客户就害怕，其实逃避客户的异议不是办法，要用正确而又积极的心态对待客户的异议。对于销售而言，可怕的不是异议而是没有异议。没有任何异议的客户是最令人头痛的客户。我们必须认识到，客户异议是销售过程中的必然现象，有异议销售人员就要去处理,对症下药，给客户异议一个满意的答复，促成交易。

转化法，处理客户的价格型异议

所谓转化法处理客户异议，是指直接将客户的反对意见转化为肯定意见来处理。客户异议具有两面性：既是成交的障碍，又是成交的信号。销售人员要善于将客户异议作为说服客户购买的理由。换句话说，客户异议一经销售人员的巧妙转化，可以变成反击客户的武器，使客户作茧自缚，陷入自设的陷阱之中，被销售人员说服。

在销售过程中，我们总会遇到这样的问题：“太贵了，买不起啊”、“现在没钱”、“价格方面还能优惠吗?”、“现在没有打折吗?”、“别家的比你们的便宜啊”……那么销售人员该如何处理客户异议而进行下一步营销呢?

首先，销售人员不要害怕，要放正心态，有异议表明客户对我们销售的产品和服务感兴趣，有异议意味着有成交的希望。“褒贬是买主，无声是闲人”是我国一句经典的经商格言，说的就是客户有异议是好事情。销售人员要通过对客户异议的分析才可以了解对方的心理，知道客户为什么不购买，从而按病施方，对症下药。

战胜客户的异议有两条“铁规”，即“不打无准备之仗”、“永远也不要与客户争辩”。因此，你不妨针对常见异议，编制一本标准解答的异议“红宝书”，记熟它并不断在实践中润色、修改。而面对顾客的异议时，也不要试图争辩以证明自己是对的，把“对不起”常挂嘴边，效果会更令人满意。

顾客：“你好，我想咨询一下这款 IBM ThinkPad R61i 笔记本，你们这里零售价多少？”

销售员：“你好，我们这里的零售价是 6000 元。”

顾客：“不会吧，怎么比网上报价高出 300 多呢？”

销售员：“小姐，你看到的信息可能是中关村搞活动的促销价，这种价格我们进货都进不到呢？说真的，我们一台电脑才能赚 100 元，还有水电、人工、房租、运输、服务、税务等杂费的开销。”

顾客看着销售员直笑。

销售员：“小姐，我现在给你开票了，希望你能多带几个朋友过来，以后电脑方面遇到什么问题都可以打电话给我，互相帮忙，交个朋友，这是我的名片。”

这个案例中，销售人员有效地运用转化法，让顾客感觉是在公道、透明、对她信任的环境下洽谈交易，还让顾客感觉这不仅是一次消费，而且认识了一个朋友，朋友的价值无限啊，让顾客难以开口再谈价格。

这种处理客户价格型异议的转化法有利于直接将顾客的反对意见转化为肯定意见。销售人员要是能利用其积极因素去抵消其消极因素，未尝不是一件好事。但应用这种技巧时一定要讲究礼仪，而不能伤害客户的感情。

一、记住客户的喜好，让客户感觉自己拥有VIP的身份

从事销售行业，如果你能将客户的喜好牢牢记住，对他的特殊喜好或特殊忌讳有所了解，让客户觉得他是被重视的，客户将会肯定你的服务。

二、肯定自己做过的承诺，不要为圆谎而继续说谎

相信一般人最痛恨的事情之一就是被欺骗，如果你曾经答应过客户某件事，而事后却无法办到或临时出现状况无法实现，抑或订单出现无可弥补的错误时，在这节骨眼上最好主动向客户说明理由，寻求合理的解决办法。千万不要等他向你兴师问罪时再做无功的解释，那时客户对你的看法将会大打折扣，甚至不再与你交易。

三、在商谈中，先认同对方的说法，再委婉表明自己的立场

俗话说："客户永远是对的。"与客户洽谈业务时，如果出现内容意见不同的情况，应该尽量倾听对方的需求，深入地询问问题，可以让你更快了解客户所关心的事项，这样才容易使谈话内容形成交流，及时获得订单。千万不要固执己见，一味地和客户抬杠，可能表面上你是赢了，但却给客户留下了不好的印象。

四、在销售时要先考虑对方的想法，为客户着想

从事销售业务最重要的就是满足客户的需要，尽量以客户的观点为出发点去思考，尤其对于较敏感的价格问题。业务人员应该先有一套说辞，不要让自己陷入杀价的陷阱中，尽量给客户满意、肯定的答案，强调产品的附加价值和设计特色，让客户有物超所值的感受。当然，在价格上你必须先说服自己，别人才有可能被你说服。也就是说，定的价格要让客户产生认同感。

五、关心对方利益，牢记双赢理论

谈判时要集中火力，针对客户最在意的问题，尽量不要让大问题衍生

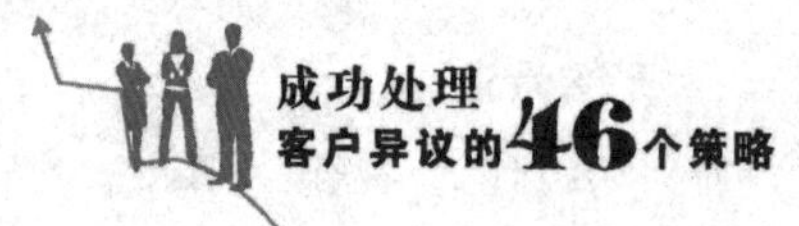

出许多小麻烦，专心聆听对方说话。在会面之前可以先模拟一些状况，先了解对方是什么样的人，他对产品需求到何种程度，对于商谈中的沟通度如何，他对于商品有没有特殊喜好或特殊忌讳，以上种种都可以在商谈中提出来讨论。对客户的要求了解越多，越能提供给他贴心的服务，也更能让客户认为你和他是站在一边的，处处为他着想，你的订单也就会源源不断。

六、掌握人性，熟悉客户的心理及其想法

其实人性本来就有弱点，例如每个人都有一点点投机的心理，而从事销售这一行，很容易感到消费者就像去菜摊买菜，要求送一把葱或一块姜相同的心理，买一些花希望再附送些什么。其实只要了解这种心理，在客户买时附送一点保鲜剂，在结账时送总务小姐一小束鲜花，对销售来说不是什么负担，但会给对方留下深刻的印象，对日后的业务会有很大的帮助。

【销售精英实战指南】

第一，采用转化法的销售人员，本身必须经验丰富，精于销售技巧，因为只有有经验的、精通技巧的人，才能察言观色，当机立断，将客户异议转化为有利于成交的理由。

第二，销售人员在应用转化法时，必须心平气和，即使客户的异议缺乏事实依据，也不能当面反驳，而应旁敲侧击，去疏导、启发和暗示。

第三，善于捕捉客户的“兴奋点”，投其所好，等待时机。

第四，记住：“以子之矛，攻子之盾”在销售中同样适用。

合并意见法，处理客户的需求型异议

合并意见法是指将客户的几种意见汇总成一个意见，或者把客户的反对意见集中在一个时间讨论。总之，就是要起到削弱反对意见对客户所产生的影响。但注意不要在一个反对意见上纠缠不清，因为人们的思维有连带性，往往会由一个意见派生出许多反对意见。

在销售过程中我们经常遇到客户一下子提出许多问题：“你们的产品质量有保障吗”、“你们的产品跟某某品牌比起来差一些呀”、“你们的产品效果如何”、“你们的价格有点高”、“你们的产品比同档次品牌的贵呀”、“你们的促销力度太小了”、“能不能一步到位价”、“能多给点政策吗”、“你们促销形式太单一了”。面对如此多的异议，销售人员应如何处理呢？

首先，客户有异议不代表不想买，而恰恰是想购买的前提，因此，我们需要正确地对待这些异议，并合理地化解。

其次，学会用合并意见法来处理客户异议，把自己放在客户的角度来提出异议或问题，看看自己想得到什么样的感受，希望有什么样的体验，我们在购买中的情绪与情感需求是怎样的。然后把这些异议或问题总结起来，汇总意见，挖掘客户的需求，制订解决方案，赢得客户信任，为达成交易做铺垫。

星辰厂的多功能搅拌机在某商场设有展销专柜。销售员小徐是厂方生产车间的工人，他的突出特点是细心、耐心。在展销柜前，他不断地向客户介绍产品的用途、使用方法和优点。一位中年男客户看了一眼演示情况，就说这个搅拌机用后不容易清洗干净，也不安全。小徐听了二话没说，马上重新演示一遍洗净的操作方法，并说明部件放置不到位，机器不会启动，安全保障没问题。客户又看了一下产品，犹豫不决地说，搅拌机功能多是优点，但是零部件塑料制品多，容易坏。小徐拿出保修单，说明星辰厂在商场所在城市设有多处特约维修站，并承诺：一年内无论何种原因损坏均可免费保修、包换；一年后，整机终身维修，修理费免收，零件按成本价供应。

听小徐这么耐心的讲解，客户感到有了售后保障，于是达成交易。

此案例中，小徐成功运用合并意见法，通过现场操作将客户的异议展现得淋漓尽致，让客户解除了后顾之忧，对产品有了更深刻的了解，从而促成交易。

合并意见法以简单、“激进”著称，即销售人员通过“换位”思维和与客户的深入接触，体验、领悟客户的需求特征，实现与客户的心理融通以及准确的价值定位。销售人员在处理客户异议时，应尽量做到以下几点：

一、学会感悟，推己及人

用中国式的语言来形容，就是通过“将心比心”，达到“心有灵犀一点通”的境界。感悟的基础是共通的人性。

(1) 感悟者自身感性和知性的丰富、细腻及敏锐程度。好比拍照片，底片越好，相片质量越高。“感悟”是一种不可言状的思维过程，依赖于非常独特、不可模仿的主体能力。

(2) 感悟者与被感悟对象文化上的同源性。这里的文化，指客户的价值观、理念、情感诉求、思维方式以及行为习惯等。所谓“同源”，并不是指文化上的趋同，而是指感悟者与客户有着生成文化的共同背景，如相同的生存环境、相似的人生经历等。电影《孔雀》在笔者这一代人（20世纪60年代生）中产生了广泛的影响，若非作者与我们有相同的成长历程，怎么可能如此细致、锋利地展示我们“此情可待成追忆，只是当时已惘然”的无助、伤感青春?

(3) 感悟者多次试错后的经验积累。感悟客户需求，往往需要经过长期实践尤其是多次失误、失败，才能形成这种独特的思维能力。

(4) 感悟者与客户密切的联系。这是成功关键中的“关键”。不扎根于客户中间，不和客户有着水乳交融的关系，感悟的依据就不充分，感悟的思维材料就不丰富。

二、学会运用假设推理，说服客户

在市场营销实践中，感悟很容易滑向误区。销售人员不是基于对客户深入理解、有着理性积淀和基础的“感悟”，而是浮光掠影、先入为主、浅尝辄止的“感觉”。相对于“感悟”的神秘和弹性，分析演绎法具有强大的逻辑力量。它从某些“假设”出发，符合逻辑地推演出有关结论。而结论正确与否，关键在于“假设”是否站得住脚。

那么，究竟有哪些“假设”呢？概括起来说，主要有三类：

第一类假设：关于客户需求影响因素的“假设”。

影响客户需求的因素很多。概要地说，有些因素属于客户所处的客观环境，包括社会、政治、经济、科技等方面；有些可归于客户自身的特征和属性。对其目前特征以及未来趋势的判断，是把握客户需求的依据和基础。从“水资源遭受污染”的假设，不难推断出“居民饮用纯净水需求将持续增加”；依据“互联网将进一步宽带化”，可以得出“在线互动式、多媒体娱乐需求方兴未艾”；如果“全社会能源供应将长期紧张”，那么空调、冰箱等家电产品的客户的需求倾向必然会以“变频节能”为焦点。

第二类假设：关于客户普遍性行为定律的“假设”。

心理学等学科的专家发现：人作为一种高级智能动物，在与环境的互动中，形成了一些相对确定和稳定的行为“定律”，例如：“自我价值实现是人的最高层次需求”、“人总是趋利避害的”、“少年不知愁滋味”，以及“人到中年要怀旧”等等。它们大都是基于人性的经验性总结，是我们理性客户的一把钥匙。以它们为“假设”，可以把握客户的具体需求特点和形态。就拿“中年怀旧”来说，使中年人缅怀、追忆、回味、伤感以及反思的情感价值和文化价值具有极大的吸引力——这就是蔡琴、李宗盛等中年歌手纷纷举办演唱会的市场背景。有些行为“定律”是民族心理的沉淀，有着鲜明的地域特色，这也便于我们深入理解不同区域客户的差异化需求。

第三类假设：关于客户具有鲜明时代特色的总体需求特征的判断。

任何时代都有特色鲜明的需求和消费潮流。以此为依据，可以推演出客户微观的需求特征。例如：市场经济时代，我国城市新生代（20世纪80年代人）具有个性化、时尚化、国际化的需求倾向。在这一假设下，他们可能更加关注产品接触界面（人机关系）的亲和性、互动性和体验性，更加关注产品外观造型的前卫感和科技感，更加关注功能的娱乐性和丰富性。

【销售精英实战指南】

第一，要挖掘客户的需求，学会合并意见处理法处理客户异议。

第二，善于捕捉客户的“需求点”，投其所好，等待时机。

第三，记住：“将心比心”，达到“心有灵犀一点通”的境界。

第四，用同理心认同理解客户，用影响力来影响客户，不放弃的努力，感性的诚实，将引领我们走向销售成功之路。

询问法，处理客户的购买权利型异议

询问法又称问题引导法或追问法，是指销售人员利用客户提出的异议，直接以询问的方式向客户提出问题，引导客户在回答问题过程中不知不觉地回答了自己提出的异议，甚至否定自己，同意销售人员观点的处理方法。

在销售过程中，经常碰到这样的问题："我希望您将价格再降百分之十"、"我希望您能提供更多的颜色让我们选择"，这时销售人员不要急着去处理客户的反对意见，而要用询问方法来处理客户异议。此时，销售人员可以说："我相信您一定希望我们给您百分之百的服务，难道您希望我们给的服务也打折吗?"、"我们已选择了五种最被客户接受的颜色了，难道您希望有更多颜色的产品，增加您库存的负担吗?"

运用询问法来处理客户异议，有利于销售人员掌握更多的客户信息，为进一步销售创造条件；带有请教意义的询问会让客户感受到尊重或重视，从而愿意配合销售人员的工作，使销售保持良好的气氛与人际关系；另外，询问法还使销售人员从被动听客户申诉异议变为主动地提出问题与客户共同探讨。但这种方法如果运用不当，可能会引发客户的反感与抵触情绪，或在销售人同的多次询问抑或追问下，产生更多的异议，从而破坏销售气氛，阻碍销售工作的顺利进行。

顾客："你的产品是不错，不过，现在我还不想买。"

销售人员："经理先生，既然产品很好，您为什么现在不买呢?"

顾客："产品虽然不错，可它不值5万（元）一件啊!"

销售人员："那您说说这样的产品应该卖什么价格?"

顾客：我就是觉得这个比其他地方的要贵啊。"

销售人员：您一定希望我们您百分之百的服务，难道您希望我们给的服务也打折吗?

顾客：我就是觉得这个比其他地方的要贵啊。反正太贵了，我们买不起。

销售人员："经理先生，看您说的！如果连您都买不起，还有什么人买得起？您开个价。"

在上述案例中，销售人员面对顾客异议时，没有马上讲事实摆道理，而是向顾客提出问题，引导顾客自己否定自己，最终达成交易。这种方法在实际销售过程中常常被销售人员所采用，并能取得成效。

面对购买权利型异议的客户，销售人员可对其异议采取询问法，直接化解客户的反对意见。一般说来要经历以下程序：

一、鼓励

在销售过程中，鼓励是最重要和最困难的步骤，因为这与一般人受到攻击时的自然反应背道而驰。人受到攻击时，都会为自己辩护。销售人员听到异议时，如果总是希望立即提出解答或索性假装听不到，都是错误的处事方法。

在客户提出异议的一刻，不要急于答辩。应该坦然表示乐意听取客户的疑惑；然后，细心倾听对方的说法。

鼓励客户发言，表示与对方心意相通。设身处地体会客户的感受，有助于感染对方转化对抗态度，从而乐意与你一起解决问题。

鼓励也是销售人员有机会思考解答客户异议的最佳方法。“我明白你为何对此感到忧虑”或者“可以告诉我多些事情的情况吗”都是鼓励客户的话。不过要注意，鼓励客户不等于同意客户的讲法。但你必须同意对方在异议会谈中坦诚表达自己的感受。

在鼓励这个步骤中，必须谨记以下要点：

二、善于询问

在鼓励客户畅所欲言之后，向对方提出问题，以澄清异议。销售人员往往没法找出客户对某个问题的实际疑惑。很多时候，实际的异议与客户最初的表达有很大出入。发问可以找出客户具体的顾虑。比如，你可以说“你的顾虑在哪一方面”或“你最大的疑惑是什么”，在发问时，必须谨记以下要点：不应立即假设自己明白对方提出的异议。许多销售人员自找麻烦，原因就是自以为已经明白实际的异议，其实一点都不明白，必须确定自己听清楚实际的异议，才可以继续下一个步骤。

切勿不断重复问题，否则令客户有被盘问的感觉。

在发问时，要不断鼓励客户，令其投入。

三、确定异议

销售人员在回答客户的异议前先查证自己是否真的了解问题所在。在继续下一步骤之前，必须清楚知道客户的想法，同时表明自己真的明白。

实际的经验表示：提出解决办法之前，必须先确定自己了解对方的异议。

尤其要注意，总结你听到的意见，同客户查证自己对事件的了解程度。

四、解答异议

在掌握了客户异议的性质后，你就可以解答对方的异议，答案要尽量具体。异议及其相应的适当答案通常包括以下四类：

误解，向对方澄清和解释。

怀疑，运用询问法，以实例、其他客户的推荐语、示范和其他确切证据，证明自己的产品或服务有效。

实际缺点，以询问法反问客户，从而证明优点可以补缺点的不足。

实际投诉，反问客户并以行动补救。

五、检查

检查客户的异议是否已解决。你可以直接问对方是否满意你的解答。若对方不满意，用反问法继续询问不满意的原因，以找出实际的异议。

【销售精英实战指南】

第一，透过询问，把握住客户真正的异议，直接化解客户的反对意见。

第二，在销售人员的字典中，有一个非常珍贵、价值无穷的字眼，即“为什么”。不要轻易放弃这个利器，也不要过于自信，认为自己已能猜出客户为什么会这样或为什么会那样，要让客户自己说出来。

第三，善于捕捉客户的“发问点”，投其所好。

第四，记住：询问法在处理购买权利型异议中扮演着重要角色。

转折法，处理客户的购买财力型异议

所谓转折法，是指销售人员根据有关事实和理由来间接否定顾客意见的方法。应用这种方法时首先承认顾客的看法有一定道理，也就是向顾客做出一定让步，然后再讲出自己的看法。此法一旦使用不当，可能会使顾客提出更多的意见。在使用过程中要尽量少用“但是”一词，但在实际交谈中应包含“但是”的意见，这样效果会更好。只要灵活掌握这种方法，就会保持良好的洽谈气氛，为自己的谈话留有余地。

客户在听完销售人员现场说明后通常会说：“你们这个项目，并不如你说的那么完美。”销售人员听后，若直接否认辩驳：“先生，你错了，你根本没听懂我的意思。”必然会引起不快。所以，销售人员不妨改用“先是后非”的转折法，改答“您说得对，张先生，一般客户最初的看法和您相同，即使是我也不例外，可是若仔细瞧瞧，深入地研究一下，您就会发现……”以上同一情况，两种迥然不同的回答。

屡次正面反驳客户，会让客户恼羞成怒，就算你说得都对，也没有恶意，还是会引起客户的反感，因为人都有一个通性，即不管有理没理，当自己的意见被别人直接反驳时，内心总是不痛快，甚至会被激怒，尤其是遭到一位素昧平生的销售人员的正面反驳。因此，销售人员最好不要开门见山地直接提出反对意见。在表达不同意见时，尽量利用“是的……如果”等转折的句法处理。

客户：“这台复印机的功能好像比别家要差，价格还比别家的贵啊?”

销售人员：“这台复印机是我们最新推出的产品，虽然它的价格贵一点，但是它具有放大缩小的功能、纸张尺寸从B5到A3；有三个按键用来调整浓淡；每分钟能印20张，复印品质非常清晰……”

客户：“每分钟印20张实在不快，别家复印速度每分钟可达25张，有六个刻能高速浓淡，操作起来好像也没那么困难，副本品质比您的要清楚得多了……”

这个例子告诉我们，销售人员若是稍加留意，不要急着去处理客户的反对意见，学会提出这样的询问，如“请问您觉得是哪个功能比哪一家的复印机要差?”客户的回答也许只是他曾经碰到某某牌的复印机，具有六个刻度调整复印的浓淡度，因而觉得您的复印机的功能好像较差。若销售人员能多问一句，他所需要处理的异议仅是一项，可以很容易转折地处理，如“贵企业的复印机非由专人操作，任何员工都会去复印，因此调整浓淡的过多，往往员工不知如何选择，常常造成误印，本企业的复印浓度调整按键设计有三个，一个适合一般的原稿，一个专印颜色较淡的原稿，另一个专印颜色较深的原稿。”经由这样的说明，可能化解客户的异议。

购买财力型异议也是最常见的客户异议之一。比如，我们经常遇到客户这样问："资金紧张，没钱进货"，"我们不能现款，能否赊欠"，"能否给予一定的铺底金"等。对于上述异议，我们可以用转折法来化解。

一、亮明财力政策

可以用企业不赊欠这一政策为由，婉拒客户要求。其实，企业不赊欠，是对销售人员最大的保护。赊账易，要账难，很多销售人员因为货款赊欠问题，而纠纷四起，甚至反目成仇，分道扬镳。因此，能不赊欠的，尽量不要赊欠。

二、巧妙借用下游渠道商货款

如果客户资金不足，可以建议客户，通过召开新产品发布会、订货会等方式，激发下游渠道商拿钱进货，从而巧妙化解客户资金紧张的窘境。

三、少进多次

对于销售人员比较看好，而资金实力又较难为情的客户，销售人员可以通过协调企业、周边客户等措施，采取联合发货、少量多进、合理控制库存等措施，来破解这一矛盾。

四、抵押融资

对于资金缺口比较大，较难协调的客户，销售人员可以动员客户通过房子、车子抵押贷款，或者直接将房产证抵押给企业的方式，合理协调发货。

五、缩减品类

销售人员可以通过建议客户缩减代理品类等方式，来集中资金经营，从而通过拆东墙补西墙的方式，来规避资金上的差距。

【销售精英实战指南】

第一，采用转折法的销售人员，必须经验丰富，精于销售技巧，因为只有有经验的、精通技巧的人，才能察言观色，当机立断，将客户异议变为有利于成交的理由。

第二，面对购买财力型异议的客户，学会用转折法化解异议，为自己的谈话留有余地。

第三，转折法的基本表达句型是“先是后非”，即对于客户异议用“是……但……”的句式答辩。

反驳法，处理客户的批评型异议

所谓反驳法，是指销售人员根据事实直接否定客户异议的处理方法。从理论上讲，应该尽量避免使用这种方法。直接反驳对方容易使气氛僵化而不友好，使客户产生敌对心理，不利于客户接纳销售人员的意见。但如果客户的反对意见是基于对产品的误解，而你手头上的资料可以帮助你说明问题时，不妨直言不讳。

在前文，我们已强调不要直接反驳客户。直接反驳客户容易陷于与客户争辩，往往事后懊恼，但已很难挽回。但有些情况你必须直接反驳以纠正客户不正确的观点。例如：

A. 客户对你的服务、企业有所怀疑时。

B. 客户引用的资料不正确时。

出现上述两种状况时，你必须直接反驳，因为客户若对你的服务、企

业的诚信有所怀疑，你缔结成功的机会几乎是零。如果客户引用的资料不正确，你能以正确的资料佐证你的说法，客户会很容易接受，从而对你更信任。

使用反驳技巧时，在遣词用语方面要特别留意，态度要诚恳、对事不对人，切勿伤害了客户的自尊心，要让客户感受到你的专业与敬业。

案例一

客户："你们企业的售后服务风气不好，答应来修，却姗姗来迟!"

销售人员："我相信您知道的一定是个案，有这种情况发生，我们感到非常遗憾。我们企业的经营理念就是服务第一。企业在全省各地的技术服务部门都设有电话服务中心，随时联络在外服务的技术人员，希望能以最快的速度替客户服务，以达成电话预约后二小时一定到现场修复的承诺。

案例二

客户："贵公司经常延迟交货，实在糟糕透顶。"

销售员："先生，您这话恐怕不太确切吧？在我所接触过的客户当中，还没有人这样讲，他们都认为本公司的交货情形一向良好，在同行中是有口碑的，您能否举出最近实例，供我参考?"

分析：在此两例中，"延迟服务和交货"是客户异议的重点，销售人员运用反驳法直接向客户发出反驳提问，若真有其事，客户必能举证，销售员应该向上级反映，设法补正；若有不实，客户必然无词搪塞，自寻台阶下场，其所谓的批评异议因而得以转化。

无论如何，异议毕竟是销售过程中的障碍，必须予以清除。那么，销售人员该如何用反驳法处理批评型异议呢?

一、充足的准备

在和客户长期接触中，很容易发现最常见的批评型异议。销售人员对相应的回应方式成竹在胸，特别是对于新手，是最基本的业务准备。并且，在实际工作中不断充实这个“异议库”和相应的“应答库”，并制成实用的销售手册。这实际上是组织学习的一个基本内容。

二、态度诚恳

面对批评型异议时，销售人员心情急躁、不舒服很正常，但应调整态度以让客户感觉“你明白并尊重他的异议”。因为客户只有在觉得被尊重，异议被重视，相信你会全力解决问题时才会和你交流，说出心里话，并提供更多的资料。诚挚的倾听和热情的回应是良好态度的要件。

销售人员可以从以下几个方面来表明诚意：

（1）勇于承担：“是我们的责任……”、“这是我的错……”

（2）站在客户的立场：“您这样考虑是很正常的，不过……”

（3）保证马上行动：“我这就给经理打电话”、“我一回去就……”

（4）说明答复或解决问题的时间：“最迟明天下午四点钟前我会给您满意的答复”。

对于一些无理取闹、情绪化的异议——“这个包装太难看了”、“你们公司太小气了吧”，或者客户提出的反对意见和眼前的交易没有直接的关系，并不是真的想要获得解决或讨论时，销售人员只要面带笑容地同意就好了。特别是一些“为反对而反对”或“只是想表现自己的看法高人一等”的客户意见，销售人员只需以诚恳的态度对待，迅速引开话题就行了。如：微笑点头，表示“同意”或表示“听了您的话”、或者说“您真幽默”、“嗯！真是高见”。

三、积极询问，判断异议的真正原因

异议背后的原因通常很复杂而难以琢磨，因此，在没有确认客户反对意见重点及程度前，销售人员若直接回答客户的反对意见，往往可能会引

出更多的异议。因此，积极地询问就显得尤为重要，切忌对一己的判断过于自信。多问“为什么”，让客户自己说出原因。因为，当问到“为什么”的时候，客户必须回答反对意见的理由，说出自己内心的想法，并且会潜意识地重新检视其反对意见是否妥当。

另外，询问应该越开放越好，尽量让客户说出全部异议。

例如，价格异议是销售人员最容易遇到的。“除了价格外，我们还可以在哪些方面进行补偿呢”、“贵公司是如何考虑价格方面因素的”，显然比直接询问价高的原因更容易发现价格结构中哪一部分对客户更为重要，或者另有原因。

四、选择适当的时机

优秀的销售人员不仅要能对客户的异议给予一个比较圆满的答复，而且要善于选择恰当的时机。懂得在何时回答客户异议的销售人员会取得更大的成绩。需要指出的是，绝大多数异议需要立即回答，这既是促使客户购买的需要，也是对客户尊重的需要，通常包括：

（1）异议关系客户关心的重要事项；

（2）异议不解决销售无法继续；

（3）异议一旦解决，客户能够马上签单。

但并不是每一个异议都需要回答或者立即回答：

（1）异议显得模棱两可、含糊其词、让人费解；

（2）异议背后明显另有原因，但还不清楚；

（3）异议显然站不住脚、不攻自破；

（4）异议难以用三言两语解释清楚；

（5）异议超过了销售人员的专业和能力水平；

（6）异议涉及较深的专业知识不易为客户马上理解。

【销售精英实战指南】

第一，由于要直接驳斥客户的意见，为了避免触怒或引起不快，销售员要真诚、语气要诚恳、面容要微笑，切勿怒颜责备客户。

第二，要认识到反驳法也有不足之处，这种方法容易增加客户的心理压力，弄不好会伤害客户自信心，不利于销售成交。

第三，对固执己见、气量狭小的客户最好不用这种方法，因为这类客户会认为销售人员不尊重自己，从而产生争执。

第四，记住：处理客户批评型异议时，最忌伤害客户的自尊。

太极法，处理客户的主观型异议

所谓太极法，是指你一出招我就顺势接招再放招的办法。太极法的基本做法是，当客户提出一些不购买的异议时，销售人员能立刻把客户的反对意见直接转换成客户必须购买的理由。

我们在日常生活上经常碰到类似太极法的说词。例如：劝酒时，你说不会喝，别人立刻回答说："就是因为不会喝，才要多喝多练习"；你想邀请女朋友出去玩，女朋友推托心情不好，不想出去，你会说："就是心情不好，所以才需要出去散散心。"这些处理异议的方式，都可归类于太极法。

太极法处理的多半是客户的主观型异议及客户不十分坚定的异议，特别是客户的一些借口，太极法最大的作用就是让销售人员能够借出现异议之机，迅速地陈述他能带给客户的利益，以引起客户的购买意愿。

一个经销店的老板说："你们这个企业把太多的钱花在广告上，为什么不把钱省下来，作为我们进货的折扣，让我们多一点利润，那该多好呀。"

销售人员却说："就是因为我们投了大量的广告费用，客户才被吸引来购买我们的产品。这不但能节省您的销售时间，同时也能够顺便销售其他商品，您的总利润还是最大的吧?"

销售人员这时就是在运用太极法，太极法取自太极拳中的借力使力，就是你一出招我就顺势接招再返招的办法。

还有一些案例，比如在保险业里：客户说收入少，没有钱买保险。保险业务员经常会说就是因为你收入少才更需要购买保险，以便从中获得更多的保障。服装业客户经常会说我这种身材穿什么都不好看，销售人员应说就是因为你身材不好才更需要加以设计，来修饰你身材不好的地方。

应用太极法处理客户的主观型异议时，必须要做到针对异议，有的放矢。面对怀疑，应询问产生怀疑的原因；面对误解，应询问误解背后的需要。

一、消除疑虑

疑虑说明客户需要保证，需要有力的证据。所以销售人员要提供相关的资料，证明产品确如所说的那样能给予客户利益，满足其需求。需要注意的是，证明资料必须是相关的，也就是是要针对客户所怀疑的特征和利益。

例如，"太极法"就可很好地消除客户的疑虑。其基本做法是当客户提出疑虑时，销售人员则立刻回复："这正是我认为您要购买的理由!"也就是说，销售人员要立即将客户的反对意见直接转换成其必须购买的理由。

"太极法"能处理的异议多半是客户通常并不十分坚持的异议，特别

是一些借口，它使得销售人员能借处理异议而迅速地陈述他能带给客户的利益，消除客户的疑虑。但客户的某些疑虑就不是通过简单的技巧就能解决的。如对产品性能、公司服务等方面的疑虑是需要确实证据来证明的。这时，提供案例或权威机构的认证就能有效地消除客户的疑虑。

二、克服误解

在销售过程中，误解是很常见的。产生误解是由于客户不了解你的产品和公司，或得不到正确的资料。例如你没有问及或客户没有听到都可能产生误解。但问题的根本点是误解背后客户有需要。所以要澄清客户的需要，并说明该需要。

如客户经常提到："A产品的规格太少了，有好多顾客买不到适合自己的品种。"其实，客户的误解是基于"产品品种越多能带来的利益越大"的错误认识。销售人员如果意识到客户的真实需求不是需要"更多规格的产品"，而是"想要提升利益水平"，就可以这样劝解："我们精心挑选了这几个顾客最喜欢、销量最大的品种，虽然更多的品种确实能带来更多的销售额，但您愿意占用更多的资金和库存吗?"

通常，直接反驳很容易陷于与客户争辩，销售人员应注意言辞委婉，避免和客户发生直接的言语对抗，但有些情况必须直接反驳以纠正客户不正确的观点：

（1）客户对企业的服务、诚信有所怀疑时；

（2）客户引用的资料不正确时。

因为，任何对企业服务、诚信的怀疑可能极大地损坏企业的声誉，对销售是致命的打击。同样，客户所掌握的不正确的信息应必须立即纠正。但销售人员要注意态度诚恳、对事不对人，在让客户充分感受其专业素养的同时不伤害其自尊心。

三、太极法的运用技巧

通常，销售人员在没有考虑好如何答复客户的反对意见时，不妨先用委婉的语气把对方的反对意见重复一遍，或用自己的话复述一遍，这样可以削弱对方的气势。但不能改变客户的看法，否则客户会认为你歪曲他的意见而产生不满。销售人员可以在复述之后问一下："你认为这种说法确切吗?"然后再继续下文，以求得顾客的认可。比如顾客抱怨"价格比去年高多了，怎么涨幅这么高"。销售人员可以这样说："是啊，价格比起前一年确实高了一些。"然后再等顾客的下文。

太极法是销售人员化解客户真实异议的制胜要素，适时对客户发问，能引导客户思考，化解其异议。销售员在应用这种技巧时，先将异议转为发问，用来启发客户的自省能力，如果客户有所领悟，便能自己说服自己；若不能领悟，销售人员再反问巧答，举证说明，消解其主观异议。

【销售精英实战指南】

第一，销售人员在应用太极法时，必须探索出客户的需求，消除客户疑虑。

第二，销售人员在应用太极法时，必须反应灵活，即使客户的异议缺乏事实依据，也不能当面反驳，而应挖掘客户兴趣，刺激消费。

第三，太极法最大的作用是让销售人员能借处理异议而迅速地陈述他能带给客户的利益，引起客户的兴趣。

第四，记住：太极拳中"动中求静，静中有动，虚实结合，刚柔相济"在销售中也同样适用。

以优补劣法，处理客户的客观型异议

所谓“金无足赤，人无完人”，在销售行业中也是如此。销售建议和销售产品既有优点，也有缺陷。截长补短，利用客户异议之外的其他优点，来补偿异议的缺点，将不能成交化解为可能成交。如此以优补拙，以良救劣，必能使客户因异议引起的不平心理趋向平衡。

在销售过程中，我们经常遇到客户提出这样的问题：“你这个产品设计和颜色都非常棒，令人耳目一新，可惜这个质量不是很好啊。”这时销售人员应该如何答复客户呢？难道要去与其争辩吗？其实不然，争辩在此时只能起反作用。因此，销售人员需要学会使用以优补劣法来处理客户的客观型异议。

客户提出反对或异议的意见，是有事实根据的，你应该承认，并且欣然接受。千万不要去否认，你要给客户一个补偿，让他心理平衡，也就是让他产生一种产品的价值与销售是一致的感觉。给客户的第二种感觉就是产品的优点对他是重要的，产品没有缺点对客户而言是较不重要的。世界上本来就没有十全十美的产品，产品的优点当然越多越好，但这不是真正影响客户购买与否的关键。事实上它的优点不是特别多，也就是说补偿的方法就是能够有效地弥补产品本身的弱点。

在一次冷柜展销会上，一位打算购买冷柜的客户指着不远处一台冷柜对身旁的销售员说："那种AE牌的冷柜和你们的这种冷柜同一类型，同一规格，同一星级，可是它的制冷速度要比你们的快，噪声也要小一些，而且冷冻室比你们的大12升。看来你们的冷柜不如AE牌的呀!"销售员回答："是的，你说的不错。我们冷柜噪声是大点，但仍然在国家标准允许的范围以内，不会影响你家人的生活与健康。我们的冷柜制冷速度慢，可耗电量却比AE牌冷柜少得多。我们冷柜的冷冻室小但冷藏室很大，能储藏更多的食物。你一家三口人，每天能有多少东西需要冰冻呢？再说吧，我们的冷柜在价格上要比AE牌冷柜便宜300元，保修期也要长6年，我们还可以上门维修。"客户听后，脸上露出欣然之色。

分析：该案例中的销售员用"省电、冷藏量大、价格便宜、保修期长、维修方便"五种"长处"，弥补了自己冷柜"制冷慢、噪声大、冷冻室小"的"短处"，因而提高了自己冷柜的整体优势，使客户觉得还是买该销售员销售的冷柜好。这就是补偿法的运用。

以优补劣法又称补偿处理法或者抵消法、平衡法，是指销售人员利用客户异议以外的、能补偿给客户的其他实际利益，对客户异议实行补偿的方法。运用此法应注意：因为前面肯定了客户的异议，就应该马上替客户给出补偿内容，否则会导致客户丧失信心。

一、学会以自我为核心

没有任何东西是完美的，任何现实的东西都是有缺憾的；特别是在产品上不要和别人攀比，更不要由于看到别人的产品比自己的强就惭愧，或许别人虽然表面光鲜，但有很多难言之隐。

因此，把别人的产品跟自己的比是销售中最大的忌讳。要充分意识到自身价值，所提供的机会与所携带的直接资源与衍生资源的价值。在销售中，敝帚自珍是很值得提倡的心态。

二、准备充分

所谓准备充分不是要抓细节，而是要抓大概的轮廓，不要强迫人家接受你的垃圾信息，如果真的是垃圾信息，就要尽量避免占用人家更多的时间；如果是不容错过的黄金信息，那么就用最精当的语言和方式告诉他。

三、选择性记忆

人都有选择记忆的功能。当客户习惯于记得负面消息的时候，信心就会受到打击，所以你需要让他忘记挫败感，只记得积极信息。即使真的是负面消息，你也要从比较积极的角度去解释，比如他告诉你"他不感兴趣"，只是对你说的内容、对你说话的方式或者他所感觉到的东西不感兴趣，而不是对你这个人不感兴趣。至少他告诉你他拒绝了什么，而你的执著会让他真正对你有印象，会让他从一个最刁难的客户变成一个优质客户，甚至为你开启一个新机会。

即使是最糟糕的负面信息，从另一个角度而言都是值得欣慰的。只有"战胜了"最难缠的对手，才能够有最强的成就感。下棋找高手，弄斧到班门，这不单纯是一种精神胜利法，更重要的是通过与高手对招而让自己的功力大增。

四、后发制人

当你着急要把自己的更多信息告诉对方的时候，是否能够把发言权给对方。销售者先不要滔滔不绝地介绍自己，而应先听对方说，然后再插嘴。

你给客户提供的信息是有限的，是资源，不要把它当做包袱与垃圾一样扔出去，当你不考虑对方的切身感受，滔滔不绝地把信息像垃圾一样倾倒给对方时，即使你的出发点是帮助对方，但因不了解对方的需求与心理状态，仍然不能够让对方对你感恩戴德。只有后发制人才能立于有利地位，才能发现对方的破绽而拿下对方。而你的信息是用来了解别人的工具与武器，而不是让它们发挥最大的价值，需要对方用自己的来交换甚至是投资才给的。

五、创造氛围

你的客户会影响你，也受你的影响，所以在销售中你要从我做起，营造积极的工作氛围。你的客户的态度影响到你的心情，同时你可以影响到你的客户的决策，所以，面对客户时，要从我做起，把沟通引向积极的方向原则。

【销售精英实战指南】

第一，采用以优补劣法的销售人员，本身必须经验丰富，精于销售技巧，因为只有有经验的、精通技巧的人，才能察言观色，当机立断，以优补拙，以良救劣。

第二，销售人员在应用以优补劣法时，必须灵活多变，旁敲侧击，去疏导、启发和暗示客户。

第三，利用一技之长，发挥自身优势，创造出良好业绩，把真正失去的补回来。补偿心理可以帮助你从消沉中奋起，从失败的困惑中解脱，保

持积极良好的心态 。

第四，有一句成语："失之东隅，收之桑榆"，意思是说：早上的失利，在晚上取得了。既有"有心栽花花不开"的懊丧，也有"无意插柳柳成荫"的意外收获，这也是一种补偿。

忽视法，处理客户的抱怨型异议

忽视法亦称不理不睬处理法、沉默处理法、糊涂处理法，是指销售人员有意忽视客户提出的异议，以分散客户注意力、回避矛盾的处理方法。在销售活动中，对于那些无效的、无关的、虚假的异议，销售人员就可以采取忽视法，故意忽视、回避或转移话题，以保持良好的洽谈气氛，避免与顾客发生冲突。

忽视法常用的方法如下：

A. 微笑点头，表示“同意”或表示“听了您的话”。

B. “您真幽默”！

C. “嗯！真是高见！”

当客户提出一些反对意见，但并不是真的想要获得解决或讨论时，而且这些意见和眼前的目的没有直接关系时，你就可采用忽视法，面带笑容地同意他就好了。

对于一些“为反对而反对”或“只是想表现自己的看法高人一等”的客户意见，若是您认真地处理，不但费时，还有旁生枝节的可能。因此，您只要让客户满足了表达的欲望，就可采用忽视法，迅速地引开话题。

涂料销售人员在向一位公司采购部经理进行销售活动。

顾客：“你们公司生产的外墙涂料经过日晒雨淋后会褪色吗?”

销售人员：“经理请放心，我们公司的产品质量是一流的，中国平安保险公司给我们担保。另外，您是否注意到银座大厦，它采用的就是本公司的产品，已经过去10年了，还是那么光彩。”

顾客：“银座大厦啊，我知道，不过听说你们公司交货不是很及时，如果真是这样的话，我们不能购买你们公司的产品，否则会影响我们的工作。”

销售人员：“先生，这是我们公司的产品说明书、国际质检标准复印件、产品价目表，这些是曾经和我们合作过的企业以及他们对我们公司、产品的评价。下面我将给您介绍一下我们的企业以及我们的产品情况……”

分析：从该案例中，我们可以知道采用忽视法处理顾客异议，就是回避、忽视它，将顾客的注意力转移到其他问题上来。使销售人员避免在一些无关、无效的异议上浪费时间和精力，也避免发生节外生枝的争论，从而可以节省时间，提高工作效率。

在运用忽视法时应注意以下几点：

一、镇定自若，自然成交

在成交阶段，有的销售人员会因紧张而在客户面前举止失态、词不达意。出现这种情况会对客户产生不良影响，如不加以克服和控制，就会使销售难以圆满成交。销售人员只有表现出神情自若、成熟稳重的样子，才能赢得客户的信赖。因此，在客户同意成交时，销售人员不要喜形于色、忘乎所以，要把握好说话的分寸，言辞要恰当，并时刻想着如何促成交易。在洽谈中及时捕捉对方的成交信号，只要时机成熟，立即提出成交要求。

从客户的角度来看，销售人员越替他着想，越能赢得他的信任，从而建立起一种对销售人员的依赖，这十分有利于销售人员以后工作的开展。

二、化繁为简，简化合同

销售人员和客户之间是买卖关系，为了实现各自的目标，明确各自的权利和义务，双方应签订一份协议。销售工作必须以互信为基础，在签订合同时，买卖双方应以诚信为本，且不宜签订篇幅过长的合同书，但品牌、型号、颜色、单价、交货日期、付款方式和双方代表人等成交基本信息一定要列入其中。

销售人员若发现客户对某些合同条款产生疑问，应尽量解释清楚，以尽快促成交易。若合同中有关于产品质量、使用年限、服务保证等有利于客户的条款规定，应特别强调指出，以引起客户的注意。最好将以往已成交的合同书装订成册，妥善保管，以供日后参考。

三、选好时机，最后让步

最后让步的时候要求销售人员既要保持自己坚定的立场，又要表现出愿意“迎合”客户的态度，以取得对方的回报。过早做出让步，客户会误以为这是销售人员“顺带”的小让步，从而可能得寸进尺；太晚做出让步（除非让步的幅度很大），对谈判的推动作用不会太大。

四、留有余地，切忌全盘托出

优秀的销售人员在与客户正式面谈时，不会把成交底限全盘托出，都会留有一定的交易余地，以便在成交阶段进行“最后一击”。经过艰苦的商谈与讨价还价，如果销售人员在最后时刻再退一步，就能给客户留下已经达到成交底限、销售方已经做出了最后让步的印象，客户心中自然会有较大的满足感。

但并不是所有的销售人员都能做到这一点，有的销售人员在说服客户时口若悬河，将底限全暴露给了客户，使自己陷入了被动境地。因此，在进行洽谈时，销售人员一定要为成交留有一定的余地，以免陷入自我设置的“圈套”之中。重要的是不仅要给自己留有余地，而且还要强调客户利益。

五、注重环境，单独洽谈

对交易产生很大影响的还有汽车销售人员与客户的洽谈环境。一般来说，洽谈环境直接影响着客户的成交决策。不仅销售人员的言谈举止会感染客户的情绪，而且周围的环境也会影响客户的情绪。一般情况下，优雅的环境可以减小客户的心理压力，客户在熟悉的环境下有利于增强信心。特别是在销售的成交阶段，周围环境的影响更为明显。

【销售精英实战指南】

第一，利用忽视法时必须谨慎。因为这种方法也存在不足，如果忽视客户的反对意见，会引起某些客户的注意，使客户产生反感。且有些反对意见与客户购买关系重大，销售人员若把握不准，不予理睬，会有碍成交，甚至失去销售机会。

第二，对于客户一些不影响成交的反对意见，销售人员最好不要反驳，应将其忽视。千万不能客户一有反对意见，就反驳或以其他方法处理，否则就会给客户造成你总在挑他毛病的印象。

第三，忽视法不可滥用，在运用时应注意：即使客户述说的是无效的、虚假的异议，销售人员也要尊重客户，耐心地聆听，态度要温和谦恭；在不理睬客户的某一异议时，注意马上找到应该理睬客户的内容，避免客户受到冷落。

演示法，处理客户的沉默型异议

演示法是指销售人员通过直接演示销售品来达到劝说客户购买销售品的洽谈方法。将销售品本身作为比较有效的刺激物进行演示，既可演示商品的外观、结构，又可演示其性能、效果、使用方法、维修保养。这样可以使客户对产品有直观的了解，产生强烈的印象，激发购买欲望。

为了抓住客户的注意力，减少客户对购买的不确定性和抵触情绪，销售人员经常会在销售现场对产品进行现场演示，根据客户具体需要说明产品的特点和益处。

心理研究表明，人们所接受的外部信息中，有87%是通过眼睛接受的，只有13%的信息是通过其他四种感官接受的。因此，销售人员只有使产品介绍最大限度地可视化，才能真正打动客户的心，直接刺激顾客的购买欲望。

成功的产品演示就是最有效的工具之一，眼见为实比单纯口头的销售陈述更有助于使客户相信。因为演示产品不仅让客户亲身感到、看到产品，而且还有演示和解释如何使用这个产品。借助于客户的亲身体验，销售成功的计划会多一些。因为产品的表现证实了销售人员的说明，客户也从销售过程中由一个被动的角色转化成了积极参与的一员。在可能的情况下，向客户演示他看到的每一款产品，由于演示证实和加强了销售人员对产品的说明，驱走了客户的疑虑，让客户真正地做到了先试后买，从而使销售工作更简单、更有效。

人们在超市门口、街路口等处常见到一些销售人员站在显眼处，从口袋里掏出一瓶脏油水倒在一块干净的手帕上，顿时手帕变得很脏。但销售人员还不罢休，又把手帕扔在地上，用鞋底来回搓、踩，然后拾起脏手帕，又掏出一瓶清洁剂倒一点在手帕上搓了几下，然后放在一碗清水（先喝了一口，证明无其他物质）里洗了洗，取出来又是一块洁白的手帕。

在上述案例中，销售人员用事实证明了销售品的功能和真实可信，这是语言提示所无法表述的信息。

为了有效地使用产品演示法，销售人员应该注意以下几个问题：

一、根据销售品的特点选择演示方式和演示地点

由于销售品的性质和特点各不同，演示方法和演示地点应有所不同。例如，有形产品可以进行实际操作表演，无形产品就更应该进行演示，为了加强顾客对销售品的直观了解，可以借助辅助物品，利用各种形象化手段将无形产品实体化。有些体积小、携带方便的产品可以进行室内演示，而有些携带困难的产品就需要与顾客当面约定，另行安排具体时间和地点进行现场演示。所谓现场演示，也就是现场看货。比如，可以邀请顾客参观生产现场，也可以邀请顾客参观产品展览会等。

二、操作演示一定要熟练

销售人员演示的目的是向顾客证明销售品。如果销售人员因操作不熟练，在演示过程中总是出现差错或笨手笨脚，就会引起顾客对销售品质量的怀疑，从而不相信销售人员及销售品。

三、操作演示要有针对性

每一位顾客对销售品所关注的点可能会不同。如果顾客最关心产品质量，则销售人员的演示速度不宜过快，要让顾客看得清、听得懂，对销售品有一个认识、接受的过程。销售人员不能因为自己对销售品很了解，就忽略了顾客的感受。如果顾客更关心价格或服务，则销售人员在演示的同时要注意说明产品的功能价格比，说明售后服务等内容。所以销售人员在演示产品时要有针对性。

四、演示速度适当，边演示边讲解，制造良好的销售氛围

销售人员向顾客演示商品，特别是新产品时，操作演示的速度要放慢；对于老商品或技术含量不高、操作简单的产品，操作速度可以适当加快。同时，要针对销售要点和难点，边演示边讲解，要将讲、演结合，开展立体化的洽谈，努力引起顾客的注意和兴趣，充分调动顾客的积极性，制造有利的洽谈气氛。

五、鼓励顾客参与演示，把顾客置于销售情景中

销售洽谈是一个双向沟通过程，销售人员和顾客都是销售活动的主体。因此，在演示产品时，应鼓励顾客参与表演操作。例如，汽车销售人员可以请顾客试驾，食品销售人员可以请顾客试尝，服装销售人员可以请顾客试穿，等等，但是，有些商品是不能让顾客试用的。有些顾客不会操作销售品，这时销售人员应该亲手为顾客演示，鼓励顾客参与，邀请顾客做助手。这样做有利于形成双向沟通，发挥顾客的销售联想，使顾客产生销售认同，增强洽谈的说服力和感染力，提高洽谈效率，提高顾客的购买信心和决策认可程度。

在销售洽谈中针对顾客的需求展示销售品的功能，只有当顾客真正认识到销售品的功能和利益，感受其所带来的满足感，才能产生购买动机。一种销售品往往有多种功能和利益，但不同的顾客对该产品有不同的需求。例如，手机是一种通信工具，但顾客由于性格、职业、经济情况、年龄、性别等方面的不同，决定了他们对手机的需求不同。销售员要善于发现顾客的需求，并紧紧围绕着这个需求来展示销售品的功能和利益。如果销售员对顾客想要了解的功能轻描淡写，就不能诱发顾客的购买动机，刺激顾客的购买需求。因此，只有针对顾客的需求通过展示销售品为顾客带来利益，才能真正地激发顾客的购买欲望，最终达成交易。

【销售精英实战指南】

第一，采用演示法的销售人员，自身必须非常熟悉产品，而且要有固定的演示流程，保证产品的演示成功。

第二，利用戏剧性的演示方法，可以使你从众多销售人员中脱颖而出。

第三，产品演示必须是互动的，让客户参与到你的演示中。

第四，运用间接演示的办法：

1. 让事实说话：图片、模型、VCD；
2. 让专家说话：权威机构的检测报告或专家的论据；
3. 让数字说话：产品的销售统计资料和与竞争者的比较资料；
4. 让公众说话：来自媒体特别是权威媒体杂志、报刊的相关报道；
5. 让顾客说话：客户推荐函以及一些实际使用实例。

第七章

察言观色是门学问

——巧解异议的 7 种观人策略

作为一个成功的销售人员，在与客户接触过程中，要懂得如何观察了解客户，如何摸清客户的情绪，如何找准客户喜好，如何试探客户，弄清其心里底线，如何化解客户的心里疑虑等问题，在销售过程中掌握一些观人术，好好把握才能够顺利促成交易。

看情绪，拟策略

在实际交易过程中，销售人员往往会发现：你总是跟某一些客户特别有缘。或者说，你对某种类型的客户特别有杀伤力，你总是特别能与他们建立良好的关系，能处理来自他们的异议，最终促成销售。可惜的是，我们不能决定每天自己会遇见什么样的客户，更加无法操控客户在不同情境中的表现。

在实际销售中，你是否遇到过光看不买的客户？你是否一有销售不出去的压力就烦躁不已？你是否一看到挑剔的客户就无法压抑火气？这都是情绪在作怪。不光我们销售人员有情绪，客户也有情绪。情绪是个很复杂的东西，好情绪可以成就我们的人生，而坏情绪则可能让我们败走麦城。

作为销售人员，我们要谨记：销售本身就是一个概率游戏。销售人员如果有能力在不同的情境中，灵活应用不同应对模式来面对不同类型的客户，满足不同类型客户的需求，将极大程度地提升我们的成交概率，进而提升我们的业绩成果。所以，我们要学会如何疏导和激发客户情绪，如何摸清客户的情绪，如何调节情绪来改善与客户的关系。

在销售过程中，经常会遇到很多问题。

顾客：“你们的产品怎么这么贵，质量怎么样？别人的比你们的便宜多了。”

销售人员：“先生，我们这款产品的性价比很高，是物有所值的。”

顾客：“但配置都是一样的……”

销售人员：“配置也是不同的……

有时顾客总是抱怨，提出各种异议，弄得销售人员无从下手。如果我们换一个角度看，就会发现，顾客的抱怨可以为我们提供很多信息。从这些信息中顺藤摸瓜，很有可能找到好的答案。

销售人员要研究客户，了解客户，要摸清客户的情绪，以第三者的立场客观地看客户和市场，这样才能做到知己知彼，百战不殆。

一、销售人员要保持好情绪

销售人员要摸清客户的情绪，解决客户异议，首先要学会管理好自己的情绪。在销售工作中，要保持以下六种情绪：

乐观——相信阳光总会再来；感恩——对生命恩赐的体会；包容——一种智慧和境界；豁达——洒脱快乐的源泉；自信——为自己播撒希望的种子；热情——能战胜一切的力量；平静——常存一颗平常心。

二、分析客户的消极情绪

当客户购买到某些产品或服务之后，可能会产生某种怅然若失的感觉，甚至有些客户还可能对这场交易产生后悔心理。一些销售人员对客户的这些消极情绪不以为然，认为“反正东西已经卖出去了，不必理会他

们……”这种观点既非常片面也非常短视，是对客户和自身工作的极不负责。因为，在销售完成后，如果不能尽早遏制和有效消除客户的消极情绪，就会影响你与客户的后续沟通，进而影响到更大潜在客户群的开发。

根据对客户心理的分析，在销售完成后，客户的主要消极情绪及其产生原因如下：

1. 某些期待没被满足的不甘情绪

有些客户可能会在购买到产品之后才想起自己的某些需求没有得到充分满足，或者自己期待的某些事情没有实现，这就很容易使他们感到心有不甘，可以从他们的言行中得到一定体现，例如：

“我本来想得到那份礼物的，没想到已经送完了……”

“要是它同时具有××功能就更好了……”

“原以为同时购买三件产品可以得到一点优惠，没想到……”

无论客户的某些期待没被满足的具体原因是什么——或许是客户在销售沟通过程中的表达不够明确，也许是销售人员了解得不够深入，但是最终客户都会把问题的根源归结于销售人员或者产品本身。如果不及时解决这一问题的话，那么很可能会延续到他们的下一次购买行为，或者会失去由他们介绍的客户群。如果认真对他们表达的不甘情绪进行分析的话，有时可以从中发现那些语言背后隐藏着的潜台词，例如：“这比我预想中的价格要高出很多……”（潜台词：“你的产品根本不值那么多钱，下次一定不会找你购买……”或者“我本来还有一大帮朋友想买，还是劝他们等找到价格更优惠的商家再买吧……”）

“那种功能虽然不十分重要，但功能越多，那不是更好吗……”（潜台词：“你应该早提醒我，没准你就是故意隐瞒的，看来以后还是到信誉更好的商家购买吧……”）

2. 某些担心造成的忧虑情绪

客户支付货款之后，可能会担心购买的产品不如销售人员介绍的那样好，或者担心出现某些问题，这就会使他们产生忧虑情绪。产生忧虑情绪的客户可能会在拿到产品时仍然频频询问销售人员相关问题，或者要求销售人员做出某些保证等。例如：“它真的没有副作用吗？使用过程中需要注意哪些问题吗？”“如果出现问题，你们确实负责免费维修吗？你能帮我解释一下维修保证书上的某些条款吗？”“我怕它的尺寸不合适，你确保在一周之内可以随意调换吗？”客户的这些忧虑是完全可以理解的，销售人员必须耐心加以解决，否则会对未来的客户沟通造成不利影响。

3. 感觉受到欺骗的懊恼情绪

虽然正规企业都严格禁止销售人员欺骗客户，而着眼于长远发展的销售人员也尽可能地对客户保持真诚，但是由于某些主客观因素的影响，客户仍然会产生受到欺骗的懊恼情绪。这种情绪产生的后果是最严重的，它直接关系到销售人员的个人信誉和企业的声誉，而这将对销售人员个人的职业生涯和企业的生存与持续发展产生至关重要的影响。

情绪比较懊恼的客户，其表现通常要比普通客户更加激烈，比如赶走销售人员、愤怒离开交易现场、指责销售人员、向其他人进行倾诉等，有些客户可能还会马上要求退回货款。对于这些客户，销售人员无论怎么做，损失都在所难免。不过，如果销售人员处理得当的话，可能会使损失减少到最小。

所以，真正有效的办法就是在销售过程以最真诚的态度和客户进行充分沟通，尽可能地避免客户内心产生被欺骗的感觉。

【销售精英实战指南】

第一，针对客户需求提炼产品亮点，捕捉客户的情绪触动点。

第二，要摸清客户的情绪，首先要学会管理好自己的情绪。

第三，卡尔·霍普金斯说："谁说客户只在购买产品之前存在顾虑？其实他们在购买产品之后的顾虑更多。至少，他们会因为钱包中的钱减少而产生些许失落。"

第四，有一位哲人曾经说过："心态是人们真正的主人，要么你去驾驭生命，要么生命驾驭你，而你的心态将决定谁是坐骑，谁是骑师。"

看衣着，摸底细

顾客的衣着可以为我们提供很多信息。根据其穿衣风格，我们能够判断出该顾客的性格特征，属于哪一群体，对什么样的产品可能会有兴趣，选择产品的价格区间等等。因此，销售人员要通过衣着摸清客户底细。

销售人员每天都会遇到形形色色的客户，客户的穿着打扮都不同，如何从客户的穿着判断其喜好，摸清其底细呢？

一般情况下，在选择产品时，穿着光鲜靓丽的白领丽人，更注重其高品质；穿着朴素的工薪阶层，更看重物美价廉；穿着时尚前卫的人群会比较喜欢张扬个性的产品……

面对不同的人群，在推荐产品时，要有不同的技巧，要针对对方的口味推荐其有可能会喜欢的产品。

作为销售人员，一定要尊重客户，无论客户穿着如何都不能戴有色眼镜看人。因为衣着只是一个人的外在装束而已，并不能代表其是否有经济实力去购买产品。我们应通过初步判断，以便深入地了解其底细。

某手机专卖店的销售人员曾经遇到一位穿着相当朴素的顾客。

销售人员："您好，请问您想选手机吗？"

顾客："嗯。"

销售人员："那您想选择什么价位的呢？"

顾客："我先看看……"

销售人员："你是想给自己选手机吗？"

顾客：……

销售人员："您可以尝试这款，基本功能不错，价钱也低。"

顾客："那种手机谁买？"（抱怨）

销售人员："那……您……"

面对案例中出现的情况，销售人员会很尴尬。因此在销售过程中，不要盲目地根据顾客的衣着判断其所需，否则有可能会判断失误，没有哪个有钱人脸上会写着"有钱"两个字。因此在做了更深入的了解之后，再判断推荐也不迟。

判断顾客的消费水平可以从其衣着下手，不同消费层次的消费者的衣着截然不同，但不排除穿着普通，而消费层次高的情况。要顺利促成交易，还要掌握其他的技巧。

一、销售人员要有良好的形象

一个受过良好教育且有一定艺术修养的人，其良好优雅的仪表并不是为了炫耀和显示，而是代表公司的形象。在现实的谈判交易过程中，同一个公司的销售人员采取相同的技巧所得到客户的评价截然不同，通常造成不同评价的原因来自销售人员自身。优秀的销售人员在与客户沟通中会给客户留下较好或较高的评价，而能力较差的销售人员在与客户沟通中会给客户留下许多误解，使客户对销售人员和公司都失去信心。

日常工作中，销售人员应避免衣着不整，缺乏精神；避免浑身上下珠光宝气，化妆过重，否则会失去销售人员本身应有的气质及形象，从而给客户留下不好的第一印象。男销售人员最好穿西装和衬衣，领口、袖口一定要清洁、平整，领带以中性颜色为好，不要太花或太暗。女销售人员不要打扮得太花哨，不要浓妆艳抹，不要戴过多的首饰，要表现出高雅大方的职业女性气质。

二、所有的销售人员都要学会自我推荐

大多数的销售人员在谈判中会从公司的情况谈起，但有一点必须谨记：在介绍公司的同时必须进行自我销售，在实际谈判中客户最关心的是价格，工程质量和后期服务。所以我们要让客户进一步地了解销售人员自身的能力及公司的运作方针。

在如今市场竞争激烈的情况下，各家公司都在从方方面面下工夫。那么在价格、质量、后期服务都相同的情况下，如何使客户选择你的公司，选择你作为他们的销售人员，就要求我们从个人及公司整体优势下手，学会如何自我销售，如何添加附加因素，才能产生较好的效果。而客户所需要的就是能力强、有责任心、自身素质较高的优秀销售人员来满足他们的要求。

三、看衣着，注意语气运用

在与客户的交谈中，运用热情和充满自信的语言是很重要的。抑扬顿挫的表达方式会增加你所表达内容的说服力，因此在与客户交谈中声音要洪亮，避免口头禅，避免语速过慢，避免口齿不清。中国有句老话“礼多人不怪”。一个销售人员不仅要注意服饰和语气，更应注意自身的修养，礼貌的行为会促成你取得成功。

交谈中要让客户充分表达他的想法，善于聆听客户的真实想法，有助于你了解更多的信息，亦有助于建立与客户的相互信任；交谈中应以轻松自如的心态进行表达。过于紧张会减少所提建设性意见的分量，同时也会削弱你的说服力。

学会聆听、多提开放性的问题，从聆听中了解客户的真正想法、要求、现状、经历。这些将帮助我们找到切入点，挖掘潜力，迅速赢得订单。在同客户沟通时，销售人员首先要把自己的想法或了解的情况传达给客户，然后再从客户那里问出他们的想法与建议，并听取客户反馈。

【销售精英实战指南】

第一，从客户穿衣风格中，学会判断出该客户的性格特征，属于哪一群体，对什么样的产品可能会有兴趣。

第二，看客户衣着，切忌以貌取人。

第三，衣着、声音可能都是客户判断销售人员是否可信的重要指标。

第四，所谓“佛靠金装，人靠衣装”，强调的正是服装对人的正面作用。

第五，记住：“男人对男人的衣着的容忍度较宽，男人对女人的衣着容忍度较严，而女人对女人的衣着容忍度简直就是苛刻。”

找喜好，巧推荐

客户在面对很多产品时，心中都有自己相对比较喜欢的产品，如果销售人员及时发现这点，在客户选择产品时，充分了解其喜好，巧妙地推荐产品，多介绍该产品的特点性能等问题，可能会很快地促成产品销售。

客户："你们这还有带窗户的房间吗？"

员工（立刻起身）："有，我马上带您去，看看是否满意。"

客户（边走边问）："你们这有几个专职咨询分析人员？"

员工："……"

客户："你们的佣金是怎样收取的？

员工："……"（按公司规定的佣金标准答复了客户）

客户："你们……？"

销售人员经常会因为客户的问题烦杂琐碎而不耐烦？当客户对你的产

品和服务没有兴趣的时候，他是不会花时间来提问的，所以你要感谢客户有这么多问题。明白了这一点之后，你所要做的就是通过客户提的问题及提问的次序来分析客户的喜好和需求。

每个人都有自己的喜好。有人喜欢车，有人喜欢名表，有人喜欢登山，有人喜欢舞蹈……因此销售人员要找准客户的喜好，只有掌握了客户的喜好和需求，才可以有侧重地向客户做推荐，促成交易。

"你好，想给谁选择衣服呢？"

"我自己。"（一位穿着非主流的女孩）

"那你喜欢哪件呢？"

"我看看。"

"你看这件怎么样？你的个子比较高，穿这样的衣服会比较有感觉，而且这个图案也是今年很流行的"

……

上述案例中，销售人员的推荐方式无疑会增加顾客购买的欲望，因为顾客在对自己的品位很自信时，最喜欢听到的就是别人说自己适合这一款式，即自己穿衣很有品位。因此我们不难看出，巧妙地推荐会为我们赢得顾客的信任和满意，促成交易。

销售中你可能会说：顾客就是上帝，但是你真的会像对上帝一样，忠诚对待自己的客户吗？你能预见到他们的需求、他们的行为吗？你能采取行动彻底地满足客户的需求，让他们感觉除了你，别无他求吗？和客户建立这样的关系并非易事。要完全了解并满足客户的需求，需要把握以下三种方法：

一、回忆

你需要记住客户过去的一些行为。

回想你在自动提款机前的经历：取钱的时候，如果你不必一遍又一遍地输入同样的信息会有多好呀。澳大利亚的 St. George 银行就建立了这样一个系统，他们的自动提款机能够记住客户通常的请求。站在 St. George 的自动提款机前，插入银行卡。屏幕将显示你是否需要你经常提取的 60 元及收据，如果你要进行其他业务，便可点击“否”。然后屏幕将返回标准服务提示页面。如果点击“是”，便可拿到你的现金和收据，然后离开。不仅你得到了更快捷的服务，并且排在后面的客户也得到了方便。

这一服务实现了银行和顾客的双赢：St. George 银行满足了他的顾客对于快捷和个性化服务的要求，在这一点上他优于其他银行。这种简化的过程使该银行能用同样的系统处理更大的业务量，也因此节省了费用。

由此可见，如果你预见了客户的需求，就能既节省企业的成本又节省客户的精力，因为你节省了双方的时间和麻烦。

二、分类

记住了客户的行为，你便能够推断客户未来的行为。

以英国网上零售连锁店为例，他们从 1995 年就开始追踪与客户之间的互动信息。利用一张折扣卡，这家公司将顾客过去的购买行为与现在所买的东西联系起来。这样做可以使商店了解每个顾客历史业务记录，使其能够掌握每位顾客的情况，然后再将他们进行分类。例如，一些客户被归类于“方便至上”，而另一些是对价格敏感的类型。这样销售人员可以投其所好送出赠品或奖品，客户也感到自己的需要得到了满足。

三、比较

当你掌握了现有客户的行为特征时，你就能根据他们的选择来找准其他客户的喜好，并且通过向他们推荐他们喜欢的产品而得到这些客户。

比如你到亚马逊买书，网站会为你提供买这本书的其他客户所买的其他书籍的清单。所以，亚马逊能让你看到类似客户的喜好和品位。客户感觉像在一个社区里，他们会感到自己的时间花得很值。这样的清单会让客户更快地找到自己感兴趣的内容。

如果你正努力猜测用户的需求，请记住，他们可能按照和你完全无关的领域的某个公司来要求你。比如到某个网站买东西的时候，要点击过多的按钮就会让客户很反感。因此，为了促成交易，让你的“上帝”幸福，必须找准客户喜好，巧妙推荐产品。

由此可见，在销售中，我们要能够判断客户的喜好。因为这是我们进一步深入了解客户的前提。当客户对某产品表现出兴趣时，我们要乘胜追击，继续介绍该产品的特点，让客户产生好感。在客户面前，我们还要给客户本人自信，尤其是其品位。

【销售精英实战指南】

第一，对客户的喜好做到心中有数，针对喜好制定适合客户的特别推荐。

第二，只有掌握了客户的喜好和需求，才可以有侧重地向客户做推荐。

第三，巧妙推荐产品，客观评论产品，让客户知道你明白他的品位，让客户知道你是行家。

第四，注意客户的每个问题，注意问题的顺序，就可以知道客户关注的重点，同时有针对性地推出产品相应的优势项目，肯定会有不同的收获。

第五，请铭记：如果说谈成客户难，主要是难在找准客户的突破点，也就是客户的喜好。

敢试探，弄清客户的心理底线

前文我们提到了要学会聆听，大胆的提问试探也是一个技巧，通过这样的方式我们可以顺利了解到顾客的心理底线。在此基础上再推荐合适的产品，胜算更大。

客户总想以低价购得产品，但销售人员推荐相对便宜的产品时，客户经常会表现出不满意的情绪。这就需要销售人员在与客户交流时，懂得大胆试探客户的心理底线技巧。

有些销售人员小心谨慎，生怕问错了问题，对交易不利，但大胆的试探有时可以促成交易。只有试探才能了解更多的购买信息，弄清楚客户的心理底线，在得到信息之后，销售人员便可以有针对性地推荐、介绍产品。

在销售时，销售人员要做到心中有客户，树立客户心目中的信任感。

要对客户的感受表示认同，对客户面临的问题报以关切，想客户之所想，显示出积极的应对态度。我们还要注意到热情洋溢的情绪对客户是最具有感染力的。在工作时，一定要放弃一切私人的不愉快情绪，要做到像对一位好友推荐性价比最好的产品一样，自然便会带上微笑。

客户经理："早上好，王主任。这次拜访的目的是希望通过企信通帮助您加强内部沟通，促进销售管理。您看可以吗?"

客户："企信通?"

客户经理："是的，在向您介绍前，我能了解一下您的企业内部信息沟通的情况吗?"

客户："好吧。"

客户经理："您在全省有五六百个促销员，您现在是怎样将内部的信息发送给全省的所有促销员的呢?"

客户："打电话通知。"

客户经理："通过电话啊? 这么多人，会不会漏掉呢?"

客户："确实会漏掉，而且占用时间很长。"

客户经理："万一漏掉之后，问题严重吗?"

客户："当然严重了，要是漏掉促销信息和价格信息，影响可就严重了。"

客户经理："既然这么严重，那您打算解决吗?"

客户："是啊，我们还没有想到，你有什么建议呢?"

客户经理："其实，我们的企信通就是解决您这个问题的。"

……

这样的销售方式就是大胆试探客户口气，弄清其心理底线。案例中客户并没有意识到自己的真正需求，因此直接提问和介绍产品都不会有明显的效果，此时销售人员用提问的方法让客户意识到了自己的问题，发现需求，下定决心采购。

在面对形形色色的客户时，销售人员要变被动为主动。大胆试探，主动了解客户需求，摸清其心理底线。

一、要了解客户类型，练就“三觉”功夫

你的客户是视觉型，听觉型，还是感觉型？每个人对视觉、听觉和感觉的敏感度不同，有的人对视觉特别敏感，有的人对听觉特别敏感，有的人最重视感觉。

视觉型的客户个性较急，说话快、动作快、手脚利落，喜欢指挥别人，较没耐心。面对视觉型的客户，业务员要迎合对方口味，介绍商品时要讲重点，专业、清楚、不拖泥带水，只要客户觉得不错，就会愿意购买。

感觉型的客户个性较柔，动作不急不慢、说话慢条斯理、重感情，愿意关心别人。面对感觉型的客户，业务员在解说时语速不能太快，声音不能太大，最好先从聊天开始，并不忘适度地赞美，让客户喜欢你，几乎不必花太多时间讲解商品，客户就会购买。

听觉型的客户注重思考，想得比较周全，必须经过深思熟虑之后才愿意购买。面对听觉型的客户时，业务员要详细分析，为客户着想，让客户觉得产品真的对他有用，最重要的一点是，不要让客户觉得有被逼迫的感觉。

在与客户初次见面时，不妨先观察客户是视觉型、听觉型，还是感觉型。练就“三觉”功夫，不管客户是哪种类型，都能一网打尽。

二、学会尝试推荐

在沟通时不仅要提出问题，解答问题，还要在某些情况下帮助客户进步，利用机会为客户培训、提供周到的系统服务。长此以往，销售人员就会慢慢与客户融为一体，了解他们的真实想法也就比较容易了。

不同的客户要求不同，要进行大胆推断，并尝试着推荐。

对有的顾客来讲，价值才是其真正的需求。原海尔 CEO 张瑞敏曾说：客户真正想要海尔冰箱吗？显然不是，是能够贮藏和保鲜的电器。一句话，在某种意义上，我们卖的不仅是产品本身也是产品的价值。所以在和客户沟通的时候，尽量不要在价格上纠缠，要把价格与价值放在一起来和客户沟通，多谈产品价值和使用价值，只有产品有价值，才能给客户创造出更多的利益。

【销售精英实战指南】

第一，大胆推断，大胆提问。

第二，销售时态度积极，让顾客在购物时心情舒畅。

第三，懂得理解，面对顾客的异议，要积极应对。

第四，销售人员要深入客户的行业，掌握成为客户顾问的知识和经验，配合顾问式销售技巧才可以成功完成销售。

第五，记住：聪明人的心获得知识；智慧人的耳朵寻求知识。

引提问，把握客户心理

许多业务人员在向客户介绍产品时，表现出无限热情，不断地说明，却没有考虑到客户的需求是什么。也不察言观色，看看客户是否不耐烦，就算讲到口水都干了，客户不但不会买，说不定还觉得你很烦，把你列入拒绝往来名单。顶尖的业务人员就不同了，他们热情、有活力，并且暗中观察客户的行为和表情，从谈话中找出客户的需求和喜好。

面对面销售过程中客户心中在思考什么？这是销售人员常感到困惑的问题。面对面销售中有六大永恒不变的问题，这六大问题顾客不一定问出来，但他潜意识里会这样想：

你是谁？

你要跟我谈什么？

你谈的事情对我有什么好处？

如何证明你讲的是事实？

为什么我要买你的？

为什么我要现在买？

例如：顾客在看到你的一瞬间，他的感觉就是：这个人我没见过，他为什么微笑着向我走来？你走到他面前，张嘴说话的时候，他的潜意识在想，这个人是谁？要跟我说什么？对我有什么好处？假如没好处他就不想往下听了，因为每个人的时间都是有限的，当他觉得你的产品确实对他有好处时，当你能证明好处确实是真的时，他心里就一定想其他地方或其他人会不会更便宜，效果会更好，当你给他足够资讯让他认为买是最划算时，他心里一定会想，我可不可以明天再买，下个月再买，我明年买行不行？你一定要给他足够的理由让他知道现在买的好处，现在不买的损失。

销售人员要想知己知彼，百战百胜，在拜访客户之前，要尽量引顾客来提问，依次回答客户问题，把握客户心理，设计好答案，并给出足够的购买理由。

客户："我可不可以在下个月的一号拿到这个商品呢？"

销售人员：可以，一点问题都没有。"

事实上，这样的交流我们不会得到任何结果。

一个专业的销售员会微笑，然后反问："如果你在下个月的一号能拿到这个商品，是不是最适合你的需要呢？"

如果客户说"是的"。那等于说客户已经买下了这个商品。

事实上，很多时候客户根本就不想很快地拿到商品。有时候，他们想把投资分批地给我们；或者他们不想把商品放在仓库里；或者把商品立刻安装起来。这个成本他们不想承担，通常都想拖到最后。所以，如果我们利用反问技巧的话，就可以知道他们真正的想法。

在实际的销售过程中，我们不仅要对客户进行提问，也要引导客户自己对产品和服务进行提问，只有这样我们才能正确把握客户心理，了解客户真正的需求。如何引导客户问问题，需要讲求一些方式方法：

一、巧妙沟通，成功交流

销售员与客户沟通时，所传递的信息包括语言信息和非语言信息两种，这两个信息结合在一起作用于客户。

语言信息中，对于销售人员最重要的口头沟通是开场白和结束语。因为人们在沟通时易于记住刚开始和最后发生的事情。所以，销售人员与客户沟通时，要特别注意开始时的礼貌寒暄和结束语。

在与客户沟通的过程中非语言信息甚至可以影响客户的潜在情绪。如在鸡尾酒会上，那些笑容灿烂的服务员所得到的小费平均比微笑少的服务人员多几倍。同样，把找回给客户的零钱放在客户的手心里，或者客户埋单时把账单恭敬地交到客户手中，都会使客户心情喜悦舒畅。接近客户，或者蹲下来与客户目光接触，同样会提高客户的信赖感。

调查表明：礼貌待客式、技巧推广式、个性服务式这三种沟通模式是否有效，取决于销售人员所使用的非语言服务是否始终与语言服务保持一致。如果二者是一致的，这三种模式就会起到非常好的效果。

销售员在与客户沟通时，要做好以下几点，才能把握客户心理。

（1）销售人员要始终将非语言服务与语言服务保持一致。

（2）注意个性化的沟通模式的运用。多数成功的销售用语都有如下规律：创造需求—引发兴趣—唤起欲望—采取行动。

（3）任何模式沟通的有效性都需要销售员多培训多练习。

（4）销售员要有明确的目标，知道这次与客户沟通的目标是什么，向着目标方向前进。

（5）销售员面对客户时要有良好的心情，学会与客户分享自己的成功、喜悦和热情，从而感染、打动客户。要有良好的心情，就要时时提醒

自己，要热爱工作，要快乐地投入到工作当中，不要把工作看成一种负担；要把每次跟客户的沟通与互动，甚至客户的每次拒绝都当成一次机会。在这个过程中，可以将自己的乐趣完全投入到事业目标中，不断激发自己对成功的渴望。

（6）销售员在与客户沟通中要有专业的表现，以赢得客户的认同与信赖。专业的表现可以让客户感受到你就是这个领域的权威和专家。你的眼睛炯炯有神，语言充满诱惑与刺激，就可以很好地调动客户的情绪。

二、刺猬技巧的运用

想想看，有一只刺猬在草丛里跑来跑去，被人用袋子装起来，然后扔给我们。我们该做什么呢？我们应把它丢回去。

这个刺猬的技巧是，如果我们的客户问一个问题，我们就用另外一个问题来回答，而且继续控制我们的销售过程，这样我们才能够完成销售。

有人可能会问："难道我的客户不会生气吗？因为我并没有回答他的问题。"刺猬性的回答是："为什么你这么害怕你的客户会生气呢？最重要的不是完成这个销售过程，而是让他知道你商品的好处。"

不管我们销售什么，会时常碰到很多问题，不管我们回答"是"或者"不是"，我们都不会得到任何好处。同时，很多人会提出请我们给他们材料，我们可以给他们材料，但是我们不会得到任何好处。

因此，不管我们是销售产品还是服务，当客户提出问题时，我们就可以利用刺猬性的技巧，把这个问题抛回给客户，让客户不知不觉把自己的需求公诸于众。

【销售精英实战指南】

第一，引导客户自己提问题，用影响力来影响客户，不放弃的努力和感性的诚实，将引领我们走向销售成功之路。

第二，在发问中要表现出一切为客户着想的热忱，使客户在不知不觉中就很好地配合，创造了良好的谈话气氛。

第三，销售人员在与客户沟通时，不妨多观察客户的表情和肢体语言，伺机而动，把握客户心理，找到客户的需求，达成交易。

巧应答，化解客户的心理疑虑

语言是一种交际工具，人们正是通过语言进行感情和思想交流的，这样才保持了和谐的关系。对于销售人员来说，语言是与客户沟通的媒介，一切营销活动首先是通过语言建立起最初的联系，从而使营销活动不断进展，最终达到购买目的。所以，语言交流是销售活动的开端，这个头开得好不好，直接关系到销售的成败。

消费者经常这样问："你们的产品真的像广告上说的那样好吗?"销售人员通常会立即答道："您试过之后的感觉会比广告上说得更好。"消费者还会接着问："如果买回去，用过以后感觉不那么好怎么办?"销售人员笑着说："不，我们相信您的感觉。"这样的促销活动会获得很大成功，不仅产品销量超过以往，更重要的是产品品牌的知名度大大提高。

一般说来，话说得恰到好处，就会把自己与客户的距离拉近，生意就可能做成。如果话说得不得体，甚至让人不能接受，刚一接触给对方的印象就不好，自然也谈不上洽谈生意了。作为一名销售人员，由于职业的关系，说话要注意掌握好分寸，说什么话，什么时间说，怎么说，不同于日常生活中的语言交流，要有职业特点。

语言交际是一种建立在心理接触基础上的人际交往。所以，心理因素对语言交际的影响最大、最直接，也最关键。销售人员在与客户交谈时，一定要注意使自己的语言贴近对方的心理，尽可能地消除由于心理障碍造成的隔阂。人们对任何事物的接受，首先表现在心理上接受，因此把话说到对方的心里，事情才好办。

“胡总，您好！看您这么忙还抽出宝贵的时间来接待我，真是非常感谢啊！（感谢客户。）

“胡总，办公室装修得这么简洁却很有品位，可以想象到您应该是个做事很干练的人！”（赞美客户。）

“这是我的名片，请您多多指教！”（第一次见面，以交换名片自我介绍。）

“胡总以前接触过我们公司吗？”（停顿片刻，让客户回想或回答，给客户留时间。）

“我们公司是国内最大的为客户提供个性化办公方案服务的公司。我们了解到现在的企业不仅关注提升市场占有率和利润空间，同时也关注如何节省管理成本。考虑到您作为企业的负责人，肯定很关注如何最合理配置您的办公设备，节省成本。所以，今天来与您简单交流一下，看有没有我们公司能协助得上的。”（介绍此次来的目的，突出客户的利益。）

“贵公司目前正在使用哪个品牌的办公设备？”（问题结束，让客户开口。）

胡总面带微笑非常详细地和该销售员谈起来。……

从这个例子可以看出，注意语言技巧能够吸引对方的注意力，引起客户的兴趣，使客户乐于继续交谈下去。同时，如何找出客户真实需求的关键部分？该案例的销售人员，就通过很好的开场白吸引了客户，有了一个漂亮的开门红，就等于向促成销售迈进了关键的一步。

销售是语言的艺术。过人的销售技巧其实就是过人的语言艺术，不仅要有洞悉人心的敏锐，也要有动摇客户心旌的表达能力。成功的销售员，往往能口吐莲花，他们的语言就像一双柔软的手，能摸到客户心灵最柔软的地方。毋庸置疑，每一件产品的销售，不仅需要产品本身品质做基础，更需要有注入人心的语言艺术开疆拓土。

因此，销售人员在接待顾客时，必须注意讲究文明规范用语和说话的技巧，向客户展示你的语言魅力。一般需要注意以下几点：

1. 用客户听得懂的语言来介绍

通俗易懂的语言最容易被大众所接受。所以，你在语言使用上要多用通俗化的语句，要让自己的客户听得懂。销售人员对产品和交易条件的介绍必须简单明了，表达方式必须直截了当。表达不清楚，语言不明确，就可能会产生沟通障碍，就会影响成交。此外，销售人员还应该使用每个顾客所特有的语言和交谈方式。

2. 用讲故事的方式来介绍

大家都喜欢听故事，所以如果用讲故事的方法来介绍自己的产品，就能够收到很好的效果。

任何商品都有属于自己有趣的话题：它的发明、生产过程、产品带给顾客的好处，等等。销售人员可以挑选生动、有趣的部分，把它们串成一个个令人喝彩的动人故事，作为销售的有效方法。所以销售大师保罗·梅耶说："用这种方法，你就能迎合顾客、吸引顾客的注意，使顾客产生信心和兴趣，进而毫无困难地达到销售的目的。"

3. 要用形象的描绘来打动顾客

有这样一句话："说话一定要打动顾客的心而不是顾客的脑袋。"为什么要这样说？因为顾客的钱包离他的心最近，打动了他的心，就是打动了他的钱包呀！而打动顾客的心的最有效的办法就是要用形象地描绘。

4. 用幽默的语言来讲解

每一个人都喜欢和幽默风趣的人打交道，而不愿和一个死气沉沉的人待在一起，所以一个幽默的销售人员更容易得到大家的认可。

幽默可以说是销售成功的金钥匙，它具有很强的感染力和吸引力，能迅速打开顾客的心灵之门，让顾客在会心一笑后，对你、对商品或服务产生好感，从而诱发出购买动机，促成交易的迅速达成。所以，一个具有幽默的语言魅力的人对于客户的吸引力简直是不能想象的。

出色的销售人员，是一个懂得如何把语言的艺术融入到商品销售中的人。可以这样说，一个成功的销售人员，必须要培养自己的语言魅力。有了语言魅力，就有了成功的可能。

【销售精英实战指南】

第一，销售人员是靠嘴吃饭的，所以，一名出色的销售人员一定有出色的口才。只有有了出色的口才，才能够让客户感受到你的魅力，才乐意购买你的产品。

第二，一个销售人员要想让产品介绍富有诱人的魅力，以激发顾客的兴趣，刺激其购买欲望，就要讲究语言的艺术。

第三，“买卖不成话不到，话语一到卖三俏”，由此可见销售语言的重要性。

第四，好的口才能够充分展示一个销售人员的个人魅力，同时也能给他的顾客带来愉悦的享受。

善发现，从只言片语中找出关键信息

倾听是有效沟通的重要基础。在倾听的过程中，积极地认同客户、理解客户的感受和情绪，都会让客户感到被尊重。但仅仅尊重客户是不够的，还要更有效地帮助客户解决问题，不但要听他表达的内容，还要注意他的口音、用词特点、语气、语调、语速与音量，这有助于你了解客户语言背后所传递出来的客户的内在特征，了解了这些，才有可能真正了解他的问题，找到最合适的方式与其交流。

在销售过程中，我们经常遇到客户向销售人员倾诉的时候，这时即使是你不感兴趣的话题，你也不能打断客户或者表现出不耐烦的情绪，因为这样会失去这个客户，导致交易失败。

因此，客户倾诉时销售人员应懂得点头认可，恰当地拍拍手，恰似吃东西时略放点作料，肯定会令食物更为可口。如果你想要成为销售行业杰出的精英，一定要在倾听方面下工夫。客户不开口，你的生意肯定做不成。如果没有听懂某人所说的话，可能是因为你心猿意马，错过了某一个要点。如果不专心致志、积极主动地聆听，你还会得到错误的信息。全神贯注于说话者所说的话及提问，并明确地发出信号，表明自己关心说话的内容，能确保双向的交流沟通顺畅。

李力："陈先生，您很清楚，现在一般人如果受到良好的服务，会令他受宠若惊，他会认为服务的背后是否隐藏着什么其他条件。这真是一个可叹的事。我服务客户很彻底，彻底到使客户不好意思找其他的厂商，而这也是我殷勤服务客户的目的。陈先生，您同意我的看法吗?"

陈先生："当然，我同意您的看法。我最喜欢具有良好服务的厂商。但现在这种有良好服务的厂商越来越少了。"

李力觉得陈先生的想法逐渐和自己的想法一致。

李力："提到服务，本公司有一套很好的服务计划。假如您的衣服有了破损、烧坏的情形，您只要打电话，我们立即上门服务。"

由于陈先生重视服务，所以李力向陈先生提起公司有一套很好的服务计划，能解决陈先生的烦恼。

通过向客户询问一些问题，以便发觉客户的真正需求。倾听客户的回答，让客户尽量表达意见。有些销售人员一见到客户就滔滔不绝地说个不停，让客户完全失去了表达意见的机会，使客户感到厌烦。一旦客户厌烦，不用说，销售人员的销售注定会失败。

销售人员在倾听客户谈话时，最常出现的弱点是他只摆出倾听客户谈话的样子，内心里却迫不及待地等待机会，想要讲他自己的话，完全将"倾听"这个重要的武器舍弃不用。听之有道，可以从只言片语中找出关于客户的关键性的信息，可见，学会听，对销售而言是很有好处的。

一、听之有道的必要性

与客户沟通的过程是一个双向的、互动的过程：从销售人员一方来说，他们需要通过陈述来向客户传递相关信息，以达到说服客户的目的。同时，销售人员也需要通过提问和倾听接收来自客户的信息，如果不能从客户那里获得必要的信息，那么销售人员的整个销售活动都将事倍功半。从客户一方来说，他们既需要在销售人员的介绍中获得产品或服务的相关信息，也需要通过接受销售人员的劝说来坚定购买信心。同时，他们还需要通过一定的陈述来表达自己的需求和意见，甚至有时候，他们还需要向销售人员倾诉自己遇到的难题等。

可见，在整个销售沟通过程中，客户并不只是被动地接受劝说和聆听介绍，他们也要表达自己的意见和要求，也需要得到沟通的另一方——销售人员的认真倾听。管理学专家汤姆·彼得斯和南希·奥斯汀在他们合著的《追求完美》一书中谈到了有效倾听的重要性。他们认为，有效的倾听至少可以使销售人员直接从客户口中获得重要信息，而不必通过其他中间环节，这样就可以尽可能地避免事实在输送过程中被扭曲的风险。两位管理学专家还认为，有效的倾听还可以使被倾听者产生被关注、被尊重的感觉，他们会因此而更加积极地投入到整个沟通过程当中。

二、听，可以引导和鼓励客户开口说话，找出关键信息

认真、有效的倾听的确可以为销售人员提供许多成功的机会，但这一切都必须建立在客户愿意表达和倾诉的基础之上，如果客户不愿开口说话，那么纵使倾听具有通天的作用也是枉然。为此，销售人员必须学会引导和鼓励客户谈话。引导和鼓励客户谈话的方式有很多，经常用到的有如下几种：

1. 巧妙提问

由于种种原因，有些客户常常不愿意主动透露相关信息，这时如果仅仅靠销售人员一个人唱独角戏，那么这场沟通就会显得非常冷清和单调，而且这种缺少互动的沟通通常都会归于失效。为了避免冷场并使整个沟通实现良好的互动，更为了销售目标的顺利实现，销售人员可以通过适当的提问来引导客户敞开心扉。销售人员可以通过开放式提问的方式使客户更畅快地表达内心的需求，比如用“为什么……”“什么……”“怎么样……”“如何……”等疑问句来发问。

2. 准确核实

客户在谈话过程中会透露出一定的信息，这些信息有些是无关紧要的，而有些则对整个沟通过程起着至关重要的作用。对于这些重要信息，销售人员应该在倾听的过程中进行准确核实。这样既可以避免遗漏或误解客户的意见，及时有效地找到解决问题的最佳办法，另一方面，客户也会因为找到了热心的听众而增强谈话的兴趣。

值得销售人员注意的是，准确核实并不是简单的重复，它需要讲究一定的技巧，否则就难以达到鼓励客户谈话的目的。

3. 及时回应

客户在倾诉过程中需要得到销售人员的及时回应，如果销售人员不作任何回应，客户就会觉得这种谈话非常无味。必要的回应可以使客户感到被支持和认可，当客户讲到要点时或在停顿的间隙，销售人员可以点点头，适当给予回应，以激发客户继续说下去的兴趣。

三、倾听是一种需要不断修炼的艺术

福特汽车制造公司前董事会主席菲利普·考德威尔曾经说过：“如果我们不在乎是否建立了一种风气，如果我们不够细心地去向别人请教、聆听别人给我们提出的意见，那我们就无法知道客户对我们的批评与指教。良好的倾听技巧可以帮助销售人员解决与客户沟通过程中的许多实际问题，可以说在成功的客户沟通过程当中，有效倾听所发挥的作用绝不亚于陈述和提问。

【销售精英实战指南】

第一，尽可能地让客户多说话，他们说得越多透露的信息就越多，而且在说的过程当中，他们会逐渐坚定购买决心。

第二，即使客户谈论的话题非常不符合你的口味，也不要显示出排斥心理，有可能的话引导客户换一个话题。

第三，可以稍微记录客户说话的要点，但是不要只顾着埋头记笔记，因为那样的话，会令客户感到这场谈话很无趣。

第四，要真诚地聆听客户的谈话，不要假装感兴趣。

第五，请记住：做个有心的聆听者，给客户他最想要的。

第八章

常识是最重要的知识
——处理异议必须掌握的 4 个基本策略

异议就是顾客对销售人员所说的不明白、不同意或反对而提出的意见。顾客表达异议而打断销售人员的话，或是就某问题而进行拖延等对销售人员的打击都是销售时不可避免的事，换句话说也就是家常便饭。因此，销售人员必须要接受异议，而且不仅要接受，更要欢迎。因为异议对销售人员来说不一定都是坏事，也许会成为你的指路明灯，告诉你继续努力的方向。因此处理异议等于是去找方向，这需要方法和技巧，销售人员只要掌握了这些方法和技巧就等于拥有了一项制胜的秘密武器。

行业应对话术张口就来

成功的销售话术会让销售人员在销售中游刃有余，就像演员的潜台词一样，怎么听怎么舒服，客户会被销售人员巧妙的话术所吸引，自然进入谈话的角色，从而其思维就会被销售人员掌控，成交就会水到渠成。

当顾客想要以最低的价格购买最高品质的产品，而你的产品价格却不能商量，怎么办?

销售员可以采用适用于销售行业的话术，告诉客户：有时候以价格引导购买的决策是不完全正确的，对吗? 没有人愿意为一件产品投资过多的金钱，但是有时候投资太少，也有它的问题。投资太多，最多你损失了一些钱，但投资太少，你损失的可就更多了，因为你买的产品不能带给你预期的满足。这个世界上，我们很少发现可以用最低价格买到最高品质的产品，这是经济社会的真理，在购买任何产品时，有时多投资一点，也是很值得的，对吗？假如你同意我的看法，为什么不多投资一点，选择品质比较好一点的产品呢？毕竟选择普通产品并不能给你带来满足。当你选择较好的产品从而给自己带来好处和满足时，价格就已经不很重要了，你说是不是呢？

销售人员：“你好，请帮我转一下市场营销部张经理。”

张经理：“你好，有什么事吗？”

销售人员：“张经理，是这样的，我们是一家科技公司，主要的业务方向是做IT开发和网络营销这一块。最近，我们一直在关注健康行业的发展，我注意到，最近咱们在做公交电视广告，在行业研究的基础上，我们对如何利用网络进行快速、高效、低成本的市场推广有一些想法，想跟你约个时间，你看……。”

张经理：“我们现在还做了写字楼的电视广告（楼宇液晶传媒），你说的网络营销，我们今年没有这个打算，所以不准备做，而且今年也不再投广告了。”

销售人员：“张经理，费用的投入是为了得到最终的销售回报，同咱们现在投的广告相比，网络营销的费用其实很低，可能一年的花费也不过占咱们现在一到两个广告的费用。”

张经理：……

最后，这次通话以尴尬的结局收尾。

此案例中，销售人员看到客户做了广告，在对对方情况不了解的情况下，就贸然电话约访，对方往往已经接到大量其他营销广告公司电话，已有抵触心理；另外，如果对方预算确实有限，资金短缺，用这种话术，其实等于给对方制造拒绝自己的机会。

在与客户的沟通中，应变能力不足，拘泥于事前的话术准备，是致使沟通遭遇挫折的重要原因。就像一个数学公式一样，销售人员要针对不同的客户套上相应的话术，一定会让客户爽快地接受。

一、“诱”的技巧

一般来说，销售人员销售商品，是在短时间内完成的。在短短几分钟里，你的话能留住客户并打动他的心，生意就成交了；留不住，一笔交易就吹了。此外，在市场竞争中，突出自己，把客户吸引到自己的身边，也需要运用鲜明的语言。所以，销售人员的话术必须具有强烈的诱惑性和渲染色彩。例如，在集市上鱼贩子早晨高声叫着“新鲜活鱼，两元一斤”，极力凸显“新鲜”二字；下午则变成“快来买啊，一元两斤”，凸显便宜的信息。

二、“激”的技巧

当用户产生购买商品的欲望，但又犹豫不决时，适当使用激的技巧，激发对方的好胜心理，促其迅速作出决断，但要把握好激的火候。

三、“比”的技巧

俗话说：“不怕不识货，就怕货比货。”我们在销售的时候，带来合适的同类产品进行比较，让客户在对比中产生差别感觉，这样就会增加你的说服力。但在比的过程中要以事实为依据，不能言过其实。

四、“问”的技巧

在销售过程中，我们经常发现有的客户会不假思索地拒绝销售，因此，“销售是从拒绝开始的”这句话不假。

遇到这种情况，销售员不应“退避三舍”，而应“迎难而上”，这时，巧妙地设问是关键。提问，可以消除对方的强迫感，缓和商谈气氛，摸清对方底牌；可以确定销售过程进行的程度；可以了解客户的障碍所在，寻找应对措施；可以留有情面地反驳不同意见……提问是销售应对口才中最有力的手段，一定要熟练掌握、运用。

五、"演"的技巧

有的问题如果凭三寸不烂之舌还难以让客户明白，那就要采用实物、图片、模型等来加以说明和演示。小的商品可以随身携带，在客户面前充分展示。而大的商品如电器、汽车、机床等，或抽象的商品如证券、劳务、服务等，因无法随身携带，需要将其好处具体化、形象化。必要时请顾客亲临现场，将商品的功能、特点、使用方式逐一演示，充分展现商品的魅力，这比言辞说明更具有吸引力和说服力。

六、"贴"的技巧

有人说，一句贴心话，找来万户客。这话有道理。

在销售过程中，一句贴心话，会使客户完全"忘记"你是销售人员，而把你当成知心朋友；一句贴心话，可以缩小你与客户之间的距离，使客户对你言听计从。这样，既为产品打开了销路，又交了朋友，帮助了客户，最终也帮助了自己。

【销售精英实战指南】

第一，销售话术是各个领域、生活的各个角落形形色色的人物、各种各样的行业的语言沟通技巧。

第二，对销售行业应对话术的掌握不足是致使销售人员失败的主要原因，销售人员要学会认真分析客户的情况，通过换位思考解决问题。

第三，话术更重视的是业务知识之外的应答套路。

第四，请记住：行业话术必然是建立在真实有效的基础上，不能为了约访而去造谎。

假性异议一眼识穿

所谓“假性异议”，就是指客户所提出的异议并不是他内心的真实想法，只是他在购买洽谈中应用的一个策略而已。出于各种原因，人们往往表达出假的异议，而不告诉你为什么他们真的不想购买。对于一些成熟的消费者来说，在购买过程中也经常会运用一些策略，提出一些假异议以争取达到自己的真实目的。

“假性异议”通常分为两种：一种是客户所提出的异议只是他用来敷衍、应付销售人员的借口，目的是不想和销售人员会谈，不想真心介入销售活动；另外一种是客户虽然提出很多异议，但这些异议并不是他们真正在意的地方。

其实在销售过程中，不少客户也都是这样，他们往往是“口是心非”，几乎没有人会说：“是的，这正是我想要的”或者“这个价钱很合理，我买得起”，抑或“这里的房子快要升值了，看来我得赶快买”等。相反，在他们购买前总会找一些借口，要不说产品和服务有缺陷，要不就说产品太贵，还有的会说自己经济状况不太好，很难买得起，来迷惑销售人员。

因此，在接触客户的过程中，你一定要读懂客户的心，只要你勇于推介产品，机会永远存在。相反，如果你固步自封，滥用感情，要想成功把产品销售出去，恐怕就没有那么容易了。

在辨别客户异议真假时，一定要注意交谈气氛的把握，切不可咄咄逼人，让客户陷入窘境。我们要遵循的一条重要原则是："销售不是去打胜仗或吃败仗"，切不可与客户争得面红耳赤。一个专业的销售代表，不管客户是否购买，都要保持对客户的尊敬，保持良好的销售氛围。

一名销售人员去拜访一家农宅，并向屋主及女主人展示他销售的厨具的妙用之处。他回忆说："我永远忘不了当时大家回到厨房参加展示的那一幕。"当他展示完毕之后，男主人突然表示："你介绍的虽然一点儿也不差，而且你的产品的确很好，但我们还是不能为之所动，原因很简单：今年农作物歉收，小孩子病倒，还需要添农用机具，总是找不到闲钱可用。"听到老农的坎坷人生，销售人员不禁为之动容，并非常同情他，心想："这人太可怜了，与其死缠烂打，不如另觅良机。"于是，他礼貌地结束了销售工作。

两天后，这名销售人员碰巧遇到了老农的妹妹，当时，老农的妹妹也在现场参观厨房用具展示。老农的妹妹对这名销售人员说："你可知道当天在你离开后，我哥哥有多生气。"这名销售人员不解地问道："为什么？"老农的妹妹回答到："原因很简单，当天，我哥哥其实很想买你销售的那组锅子，但你却连机会都没给他，不过，太迟了，现在我哥哥绝对不会再相信你了。"……

通过上述案例，我们可以看到，老农说的原因，这并不是一个真的拒绝信号，无非是在表明自己没有能力购买，但希望用自己的坎坷处境来打动销售员，从而使其能够在价格上有所让步，但这一切只是销售人员没有

捕捉到，没有坚持，从而错失销售机会。

你如何看待这样的说法：“持有异议表示顾客有购买的兴趣”或“异议是隐藏的购买信号”？真是这样吗？面对客户的异议，这时要通过谈话了解清楚这些情况：客户的异议是什么？异议的背后是什么？及时处理异议了吗？把握客户的人性化需求了吗？

一、了解真假异议

客户异议本质。客户提出异议是由于他们对产品产生了兴趣，要不然他们什么也不会说。

客户真假异议判别。首先要明白客户异议的潜台词。客户提出的某些异议实际上是有一定潜台词的。例如，“我不觉得这价钱代表‘一分价钱一分货’”的潜台词：“除非你能证明产品是物有所值”；“我从未听说过你的公司”潜台词：“我想知道你公司的信誉”；“我想再比较一下”的潜台词：“你要是说服我，我就买，否则我不买”。销售人员要时刻留意这些潜台词，当这些词出现时，你一定要正确地面对，它们昭示着成功的机会来了，就看你自己怎么把握了。

人们往往表达出假的异议，而不告诉你为什么他们真的不想购买。很显然，在种情况下你可能无法说服客户，除非你搞清了他们真正的异议。人们最不愿意表达的一种异议，恐怕就是承认自己买不起你的产品了。

二、辨别异议真假，找出假性异议

辨别异议真假方式。当你提供了肯定确凿的答案时，留心观察对方的反应。一般说来，他们要是无动于衷的话，就表明他们没有告诉你真正的异议，因为他们根本不关心的问题怎么会是真正的问题所在呢？当客户提出一系列毫不相干的异议时，他们很可能是在掩饰那些真正困扰他们的原因。这个时候你要想办法找出客户的真正的异议，这一点很关键。

探索出真正异议方式。大胆直接发问：“先生，我真的很想请你帮个忙，我相信你很适合这套房屋，但是我觉得你好像有什么瞒着我，你能告诉我真正的原因吗?”“请你相信我，我是专业的，你有什么问题可以让我帮你分析一下，看能不能给你一些帮助?”

说服异议要点。绝不能使客户陷入窘境！与人交流要照顾对方的感受，与客户交流更需要特别注意。

三、处理假性异议的方法

处理假性异议的方法是面对客户疑问，善用加减乘除。具体做法为：当客户提出异议时，要运用减法，求同存异；当在客户面前做总结时，要运用加法，将客户未完全认可的内容附加进去；当客户“砍”价时，要运用除法，强调留给客户的产品单位利润；当营销人员自己做成本分析时，要用乘法，算算给自己留的余地有多大。

【销售精英实战指南】

第一，在销售过程中，关键是要清楚客户的这种拒绝到底是不是真的“异议”。

第二，辨别真假异议的最好途径就是当你提供肯定的答案后，留心观察客户的各种反应。

第三，一般来说，如果客户对你的肯定回答无动于衷，那肯定是假的异议，还有其他原因让他犹豫。

第四，实际上，每个客户异议对销售都是一个机会，而且，处理异议本身就是逆向销售，把客户利益结合进来从而将异议转变为成交点。

第五，学会巧言善辩，找出假性客户异议，挖掘真的客户异议，以满足客户需求。

成交信号及时捕捉

成交信号是指客户在面谈中表现出来的成交意向。客户的种种言行都能成为交易信号，销售人员必须善于把握客户的成交信号。成交信号是客户对销售人员的销售说明和说服作出积极反应，并愿意接近销售的产品并已有成交意向的种种行为表现。成交信号是一种行为暗示，销售人员应善于观察、认真分析和判断。

当客户仔细阅读产品说明书等资料时，当客户提出各种异议，并迫切要求营销员回答时，当客户反复端详产品并询问一些具体事项时，当客户认真听取你的讲解并问及售后服务等问题时这些都是客户所发出的成交信号。

在客户不再拒绝而有购买意向时，就要抓住能达成成交协议的时机以促成成交。如果达成协议的时机把握不好，常常会造成最后签约的失败，销售人员的辛苦努力也将付之东流。把握好达成协议的时机犹如把握炒菜出锅的火候一样，只有适时出锅的菜味道才是最好的。但客户可能会通过一些购买信号来表达他想成交的信息。

客户积极的眼神、点头、沉默地认同、犹豫、询问细节等各种具体的表现都是积极的购买信号，达成交易的时机在很大程度上取决于这些购买信号。这些购买信号预示着达成交易的时机已经到来。

所以，在销售洽谈的阶段，销售人员应密切注视和积极捕捉客户的成交信号，抓住稍纵即逝的时机，勇敢地向客户提出成交建议，使自己的销售活动走向成功。

场景：销售员向客户推荐整体解决方案

客户：（翻看资料露出微笑的表情）好极了，看起来正是我们想要的整体解决方案。

销售员：的确是非常适合你们。

客户：如果一旦发生了问题，随时都可以上门维修？

销售员：是啊，只要打一个电话。

客户：以前我们总是担心着供应商的服务，但现在我放心了。

销售员：我们的服务堪称一流，拥有行业内最大的售后服务队伍。

客户：这个我也知道了。而且价格也很合理。

销售员：您放心吧，我们已经给出了最低的价格，还是找总经理特批的呢！

客户：（抬头笑着看看销售员）

销售员：（抬头笑着看看客户）

客户：我们能签合同吗？

销售员：（松了一口气）太好了，我早准备好了。

由此案例我们不难发现达成交易的时机在很大程度上取决于客户的态度。在与销售人员面谈的过程中，随着客户对销售产品的熟悉以及对销售员本人的认知变化，客户的态度也会随之发生相应的变化。如果客户的态度变化趋向于积极的方面，往往就会发出一些购买信号。这些购买信号就预示着达成交易的时机已经到来。这些购买信号既包括客户积极的话语，也包括客户的一些身体语言，例如认同的微笑、眼神及点头。有时甚至交谈过程中的忽然沉默也恰是一种特殊的购买信号。

客户常常表现出来的交易信号主要有语言信号、行为信号、表情信号等，当销售人员发现了客户的交易信号后，还必须针对不同情况，适时采用不同的成交方法，从而完成销售任务。常用的成交方法主要有：

一、选择成交法

此方法是向客户提供三种选择方案，任其自选一种处理。采用本方法时，可以这样询问客户，如："这种款式，有两种颜色，您喜欢哪一种呢?""您要几瓶呢？两瓶，还是三瓶?"选择成交法把购买的选择权交给客户，没有强加于人的感觉，因而可以减轻客户作购买决策的心理负担，利于客户购买。

二、请求成交法

请求成交法是用简单明确的语言直接要求客户购买销售品的方法。在成交时机已经成熟时，销售员应及时采用此法促成交易。例如："张经理，我们的产品美容效果极好，您准备买几瓶?"一般来说，当客户已表现出明确的购买意向，但又不好意思提出来或犹豫不决时都可运用此法促成交易。

三、肯定成交法

肯定成交法是以肯定的赞语坚定客户的购买决心，从而促成交易的一种方法。肯定的赞语对客户而言是一种动力，可以使犹豫者变得果断，使拒绝者无法拒绝。例如，当一位女客户拿着挑选的化妆品犹豫不决时，可以采用肯定成交法，说："您真是慧眼独具，挑的这种正是最适合你的。"这样，客户往往会迅速作出购买决定。

采用肯定成交法，前提是必须确认客户对销售品已产生浓厚兴趣。而且赞扬客户时一定要发自内心，语言实在，态度诚恳，不要夸夸其谈，更不能欺骗客户。肯定成交法减少了销售劝说难度，有效地促进了客户购买决定的作出，利于提高销售效率。但是这种方法有强加于人之感，运用不好会遭到拒绝。

四、假定成交法

假定成交法是假定客户已经做出购买决策，只对某一具体问题做出答复，从而促使客户成交的方法。例如，可以说："这种营养品非常适合您的需要，您看我们什么时候给您送上门呢?"

如果客户对销售产品兴趣不浓或还有很大的疑虑时，不能盲目采用此法，以免失去客户。另外，对于较为熟悉的老客户或个性随和、依赖性强的客户，可以用假定成交法，而对于自我意识强的客户，不宜采用此法。

五、保证成交法

保证成交法是销售员通过向客户提供售后保证而促成交易的一种方法。客户有多种不同的心理障碍，有的担心商品质量有问题，有的担心无法退换等。如果不消除客户的这些心理，客户往往会拖延购买或拒绝购买。对此，销售员可积极采用保证成交法达成交易。

成交之后，应立即与客户握手，向他表示祝贺。记住，行动胜过言辞，握手是客户确认成交的表示。一旦客户握住了你伸出来的手，他要想再改变主意就不体面了。从心理上说，当客户握住你的手时，那就表示他不愿意反悔。销售员在与客户握手的同时，要向他表示祝贺，对他的明智之举表示称赞。

【销售精英实战指南】

第一，把握促成交易的时机就如同把握炒菜的火候一样，只有恰到火候的菜味道才好。时机就在购买信号中。

第二，在成交阶段，应根据不同客户、不同时间、不同情况、不同环境采取灵活的方式，对不同的购买信号施以相应的引导技巧，从而保证圆满成交。

第三，发现了客户发出的购买信号，许多销售员就认为客户一定会提出成交，于是就静等客户开口。其实这是一种非常错误的做法。

第四，我们每一位销售人员都应把握时机，力争快速成交，提高销售效率。

像了解自己一样了解竞争对手

所谓“知己知彼，百战不殆”。了解竞争对手是为了战胜对手。通过了解对手，我们会知道客户希望的价格走势、客户主要的市场地区分布、哪些是下一步要开发的市场、我们和对手的差距在哪里、我们比对手优秀点在哪里，简单地分析出客户的概况，再去深入市场，开发客户，这样显得很有条理。但所有的情况都不是一成不变的，还要注意信息的跟进和更新。

销售人员每天都需要打电话，约见或者上门向客户销售，客户是甲方销售人员是乙方，可是总是会有很多的乙方和同一个甲方交流，给出自己最优惠的方案。作为销售人员，总是会面临激烈的竞争，而这个竞争，则是销售成交或者失败的很关键的一个环节。所谓“知己知彼，才能百战不殆”，可见了解自己的对手多么重要。

作为销售人员来说，制定销售策略就像制订一个作战计划一样，竞争战略是我们工作的重要组成部分。了解你的竞争对手有几斤几两，则是可以通过很多种途径的。

而且我们还需要了解到我们认为的意向客户对我们的竞争对手了解多少，对他们的看法又如何？在客户询问我竞争对手的时候，应用一些比较客观的数据来表现你对竞争对手的看法，既不诋毁也不赞扬。因为很多时候我们自己的话语在销售的过程中也会给自己造成销售被动。

采乐给海飞丝重重一击

在中国洗发水的领域里强手如云，以去屑为诉求的品牌多不胜数。海飞丝无疑是其中最知名的去屑洗发品牌，采乐要在洗发水领域打败海飞丝可谓难上加难。

但是采乐却发现了一个极好的市场空白地带，不说自己是洗发水，而是“去头屑特效药”，将自己定位在药品上，而在药品行业里几乎找不到强大的竞争对手。采乐还采取了独特的产品功能性诉求：头屑是由头皮上的真菌过度繁殖引起的，清除头屑应杀灭真菌，普通洗发只能洗掉头发上的头屑，而我们的方法是，杀灭头发上的真菌，使用8次，针对根本。这有力地抓住了目标消费者的心理需求，使消费者在解决头屑根本时，避开了强大的洗发水概念，在药店销售的终端策略也使消费者购买时“忘记”了去屑洗发水，而想起了疗效好的“采乐”。

由此可见，要想让产品吸引客户，首先要了解市场，了解自己，还要了解掌握竞争对手的市场洞察力和相应的政策，销售人员要适当了解竞争对手产品营销的一些方法，这样有助于用它来了解竞争对手使用的产品信息中哪些可以改变消费者顽强的意志，哪些信息又让消费者不屑一顾。

一、解构策略

这种“解构”策略其实很简单，也很直截了当。所谓解构，指的是研究他人的做法，了解哪些做法有用，哪些没用。在网络上使用谷歌引擎搜索，即可找到成百上千种不同的电子杂志以及相关的链接。竞争对手发行的公开资讯不难搜索，甚至还可找到数百种电子杂志的内容画面，每个都拥有独特的视觉风格、文章与资讯。网络出版公司想知道的是：“究竟哪种概念成功？有多成功？”别忘了，各家电子杂志出版社的产品都是它们倾注了心力的结晶，参考竞争者的做法等于参考它们认为可能成功的方法，这么做胜过胡乱猜测。

研究竞争对手的做法到底有什么特别的好处呢？毕竟，竞争对手怎么做是我们无法控制的。对不熟悉的人而言，竞争对手的信息是死的，我们只能借助最普通的方式，比如成绩单一类的东西，来判断竞争对手做得好还是坏。这些人还不知道，缜密地解构竞争对手，并且有系统地测试竞争对手使用的概念，能够很容易判断竞争对手成功与否。对还不熟悉竞争情报分析的人来说，“向竞争对手学习”（不只是了解整体表现而已）是个陌生的概念。系统性的方式的确会令他们大开眼界。就像蜜蜂采集花粉一样，竞争情报分析是从已经花费了时间和金钱进行研究的人的手中套取有用的概念。这么丰富的资讯来源，为什么不用呢？

收集竞争对手的情报后，下一步就是去发现“为什么”和“效果如何”。先将这些竞争对手的网站化整为零，然后来逐一进行分析（称为概念的内容分析），最终判断哪部分概念是真正有效的。我们并不会真的去使用竞争对手的概念，却可通过焦点小组座谈会和创作会议创造自己的概念。

我们的真正目的不是创造新概念，而是了解竞争对手的表现，以及谁的做法有效，谁的无效。

二、品牌竞争战略，了解你的竞争对手

1. 建立品牌区隔，与竞争对手同台竞技

竞争对手太强大，不妨从侧面进攻，另立一个“山头”，与竞争对手共同站在“巅峰”上。

2. 树立自己第一的形象，打压竞争对手

左手打不过竞争对手，就用右手，消费者分不清你是用哪只手打赢的，但消费者知道你是胜者。

3. 超越竞争对手，占领细分市场

竞争对手几乎已经占领了全部市场，我们可以超越竞争对手，当细分市场的老大。

三、多去对方的店铺去看

经商的一怕没生意头脑，二怕手脚懒，没生意头脑的这里就不多说了，但手脚的懒惰一定要克服，脚可以懒，手上的鼠标可不能懒，去对方店铺可以最直接地看到对方的一些推广方法，可以了解到对方的店铺装修是否精致，店铺广告是否诱人等。当然，还需要留意的是对方商品的分类，以及发布形式，多少分钟发布一次以及为什么这么做。商人的利润最丰厚，可也是最辛苦的角色，对此要做好心理准备。

【销售精英实战指南】

第一，分析竞争对手领先的原因，发现竞争对手的弱势和不足并为己所用，制定自己独特的品牌主张，方为制胜之道。

第二，孙子曰：“不知彼不知己，每战必殆；不知彼而知己，一胜一负；知己知彼，百战不殆。”在商战中，认识自己，更要了解竞争对手，了解竞争对手的目的就是要打败他。

第三，进行竞争对手分析的目的是通过了解竞争对手的信息，获知竞争对手的发展策略以及行动，以作出最适当的应对。

第四，请记住：竞争对手是地雷也是桥梁。通过客户了解他们，扫雷也就容易了很多。

第五，切忌：不要直接批评竞争对手或者和客户在竞争对手方面的争论，这对自己的销售过程根本不能有任何的帮助。

参考文献

[1] 西岳，张剑. 无法拒绝的销售：把拒绝转化为成交的15个关键方法［M］. 北京：中国物价出版社，2005.

[2] 马福存. 搞定客户：有效排除客户异议的成交技巧［M］. 北京：中华工商联合出版社，2010.

[3] 贯越. 不懂谈判怎敢做销售［M］. 北京：中华工商联合出版社，2011.

[4] 李智贤. 电话销售中的拒绝处理［M］. 北京：机械工业出版社，2011.